HACIA UN MEJOR FUTURO

Impulsemos una ley del IMSS más justa

Evitemos que las nuevas generaciones vivan su vejez en pobreza extrema

Lucio Amado Cobos López

Galaxia ✳ Literaria

HACIA UN MEJOR FUTURO
Impulsemos una ley del IMSS más justa
Lucio Amado Cobos López

Todos los derechos reservados conforme a la ley
D.R. © 2026 Por la obra: Lucio Amado Cobos López.

Primera Edición: 2026

Impreso en Guadalajara, Jalisco. México.

ISBN-13: 979-8-90196-075-2

Esta obra se terminó de imprimir en enero de 2026.
Impreso y hecho en México.
Printed and made in Mexico.

GALAXIA LITERARIA
¿En dónde vas a publicar hoy?
hola@galaxialiteraria.com
www.galaxialiteraria.com

Contenido

Semblanza

Lucio Amado Cobos López, es egresado de la Licenciatura de Administración de Empresas, de la Universidad Veracruzana. Siendo estudiante del tercer año de la carrera, entró a trabajar al Instituto Mexicano del Seguro Social en la ciudad de Xalapa, en el año de 1973, iniciando una carrera institucional, que comenzó en los almacenes delegacionales del Seguro Social, donde obtuvo la plaza definitiva de Auxiliar de Almacén en el año de 1974, para, posteriormente y ya habiendo culminado sus estudios, desempeñarse como Asesor de Servicios Generales, dependiente de la Jefatura Delegacional de Servicios Administrativos en Veracruz Norte; posteriormente, en el año de 1980, se desempeñó como Jefe de la Oficina Delegacional de Control de Abastecimiento hasta el año de 1982, año en el que fue promovido como Coordinador de Servicios Administrativos y Finanzas en la Subdelegación del Seguro Social en la ciudad de Poza Rica, Veracruz, donde, a partir de 1995, se desempeñó como Jefe del Departamento de Prestaciones Económicas y, del año 2000 al 2001, como Subdelegado del Seguro Social en Veracruz Norte, con sede en la ciudad de Poza Rica, habiéndose jubilado por años de servicio, a partir del 16 de diciembre de 2001.

Dedicatoria

Dedico este modesto libro a todos trabajadores que han laborado con patrones, que los han Asegurado en el Instituto Mexicano del Seguro social, sobre todo a quienes tienen la fortuna
de Haber empezado a cotizar antes de 01 de julio de 1997 y
que están regidos por la ley del seguro Social promulgada el 12
de marzo de 1973 y muy especialmente para a todos aquellos
jóvenes que por razones propias de su edad para laborar, empezaron a cotizar después del 30 de junio de 1997, entre los
cuales se encuentran mis hijas Tania, Pamela y Karen; jóvenes
que tienen la mala Fortuna de haber empezado a cotizar con la
ley del Seguro Social que fue promulgada el 21 de diciembre de
1995 y que entró en vigor el 01 de julio de 1997, la cual ha sido
nominada y es conocida como ley del seguro social de 1997 y
que a partir del decreto publicado en el diario oficial de la federación del 16 de diciembre del 2020, fue reformada en varios
artículos en materia de pensiones de cesantía en edad avanzada
y vejez, que conceden pensiones mucho menores a las que se
obtienen bajo el régimen de la ley del Seguro Social de 1973
y que por este motivo están condenados a vivir una vejez en
pobreza, porque las pensiones que obtendrán al término de su
vida laboral, no les van a garantizar una buena calidad de vida,
por lo que forzosamente van a necesitar del apoyo económico
de familiares o hacer algunas actividades posteriores a la fecha
en que obtuvieron su pensión, que les permitan obtener ingresos adicionales para poder subsistir, o de plano optar por seguir
trabajado mientras puedan, para percibir un salario mayor al
ingreso mensual que tendrían mediante una pensión otorgada
de conformidad con la ley del Seguro Social de 1997.

Agradecimiento

Quiero expresar mi más sincero agradecimiento a mi amigo Álvaro Hernández Ortiz, quien es ingeniero en sistemas computacionales, por haberme diseñado las tablas de Excel, que me permitieron elaborar los cálculos de las pensiones bajo el régimen de la ley de 1973, con el mismo procedimiento y metodología utilizado en las resoluciones de pensión emitidas por el IMSS, para hacer más comprensibles los ejemplos presentados, así como por su valioso apoyo para la restructuración de este libro.

Introducción

Cuando yo cursaba la preparatoria en la Escuela artículo tercero de la ciudad de Xalapa Veracruz, en los años 1969 y 1970,
en época de exámenes me iba a estudiar a las lomas del estadio,
donde estaban las oficinas delegacionales del seguro social, así
como también el hospital general de zona No. 11 de la misma institución, ese lugar era y sigue siendo muy bonito. En
aquel tiempo mucho más tranquilo que en la actualidad, ahí
había zonas verdes y árboles muy hermosos, con pasillos donde caminar, era el lugar ideal para estudiar sin distractores y
llegar bien preparado para la presentación de exámenes finales
de cualquier materia, sobre todo de las teóricas; fue ahí donde
andando por los pasillos, veía yo a través de los amplios cris-
tales de esas oficinas, Personal laborando, así que siempre me
preguntaba en qué consistía y para qué servía el trabajo que
estas personas realizaban en ese lugar, por supuesto que, en ese
entonces, nunca me imaginé que yo algún día iba a trabajar en
esa institución.

Fue hasta el año de 1973, estando ya cursando la carrera
de administración de empresas, en la facultad de comercio y
administración de la Universidad Veracruzana, cuando tuve la
necesidad de buscar trabajo para poder sostener mis estudios,
fue en ese tiempo, cuando vi un letrero en las oficinas de IMSS
de las lomas del estadio, donde se anunciaba la apertura de la
bolsa de trabajo. Por lo que me presenté para hacer mi solicitud
de empleo y después de presentar y aprobar los exámenes psi-
cométricos, me mandaron a hacer prácticas de la categoría de
auxiliar de almacén, en los almacenes delegacionales del IMSS,
Habiendo tenido la fortuna de ser aceptado como trabajador

suplente y en el año de 1974 me dieron la plaza de base, en esa categoría de auxiliar de almacén. Una vez que terminé de estudiar la universidad, siendo pasante de la carrera de administración de empresas, tuve la fortuna de desempeñar puestos de confianza, siendo el primero, el de Asesor de servicios generales, dependiente de la jefatura de servicios administrativos, para Posteriormente desempeñar la categoría de jefe de la oficina de control de abastecimiento y en el mes de agosto de 1982, fui promovido a la categoría de coordinador de servicios administrativos y finanzas, en la subdelegación del seguro social en la ciudad de Poza Rica Veracruz.

Fue ahí donde al tener contacto por el puesto que yo desempeñaba, con las áreas tanto médicas, como técnicas y administrativas de esta gran institución llamada Instituto Mexicano del Seguro Social, que comencé a tener conocimiento general de los servicios que se prestaban a la población derechohabiente, sobre todo porque en ese tiempo formé parte de grupos integrados por el área, médica, técnica y administrativa, que visitábamos varias empresas, entre ellas, la comisión federal de electricidad, así como teléfonos de México y varios sindicatos, como la confederación de trabajadores mexicanos CTM, a los que les impartíamos pláticas, sobre afiliación, prestaciones y cobranza, seguridad en el trabajo, así como de los diferentes niveles de atención médica y las diferentes modalidades de aseguramiento tanto del régimen obligatorio, como voluntario, con las que cuenta el Seguro Social, en beneficio de la población derechohabiente; lo que despertó en mí un gran interés y compromiso por desempeñar con eficiencia mi trabajo. Estando ya en la subdelegación de Poza Rica, por cuestiones de restructuración de la plantilla Laboral, a mediados de 1995, fui reubicado en la categoría de jefe de prestaciones económicas, lo cual tiene que ver con el pago a la población asegurada y sus beneficiarios legales, de subsidios por incapacidades Para trabajar, pensiones de diversa índole, así como ayudas de gastos de funeral y matrimonio, es ahí donde se despertó mi interés por conocer a fondo las prestaciones que otorga la ley del seguro social. finalmente, a finales del año 2000, fui promovido a la categoría de subdelegado, en Veracruz Norte, con sede en la ciudad de Poza Rica, puesto que desempeñé hasta el 15 de diciembre del 2001, ya que, a partir del 16 de diciembre del 2001, fui jubilado por años de servicio.

Mi paso por el Instituto Mexicano del Seguro Social y muy en especial por el área de prestaciones económicas, despertó mi interés por dominar todo lo relativo a las prestaciones económicas que otorga la ley del seguro social, con el fin de dar a conocer a los trabajadores asegurados los beneficios de contar con una pensión digna al final de su vida laboral y con el tiempo, al fallecer estos ya estando disfrutando de una pensión, dejar protegidos a sus beneficiarios legales, con una pensión mensual de viudez, orfandad o ascendientes, que les permita tener un medio de subsistencia y un servicio médico, a lo cual tendrán derecho de acuerdo al cumplimiento de los requisitos que establece la ley.

Por todo lo anteriormente escrito y estando consciente de que los servicios y prestaciones que otorga la ley del seguro social son muy amplios; en este libro voy a tratar de abordar de manera práctica y sencilla, lo relativo a pensiones de invalidez, vejez y cesantía en edad avanzada, las cuales tienen el mismo procedimiento de cálculo, de conformidad con el artículo 167 de la ley de 1973, así como las pensiones derivadas de la muerte de estos pensionados y la que se originan con motivo de la muerte de asegurados, por motivos distintos a un riesgo de trabajo, las cuales tuvieron un cambio muy radical con la entrada en vigor de la ley de 1997, abordaré también de manera general, lo relativo a las pensiones de riesgo de trabajo, las cuales no sufrieron cambios en el cálculo de su cuantía mensual, con la entrada en vigor de la ley de 1997, ya que tienen el mismo procedimiento de cálculo, que las otorgadas bajo el régimen de la ley de 1973, con la diferencia de que las pensiones por riesgo de trabajo bajo el régimen de la ley de 1973, las paga directamente el IMSS a través de su nómina y las regidas por la ley de 1997, las paga una institución de seguros, con base en los recursos que tiene el trabajador en su cuenta individual en la Afore, complementados con la suma asegurada que aporta el gobierno federal, para formar el monto constitutivo necesario para garantizar la pensión.

Por supuesto voy a aprovechar la ocasión, para abordar temas considerados en la ley del Seguro Social, que son de suma importancia hacerlos del conocimiento de la población, así como algunos casos reales que me tocó vivir y que pueden servir para que otras personas con casos similares, realicen las mismas acciones, con el fin de que se les otorgue el derecho a recibir una pensión, o cualquier otra prestación considerada en la ley, estando consciente de que es muy difícil hacer alusión a toda la normatividad considerada en la ley, pero talvez en otra edición de este libro, pueda yo incluir nuevos temas con ejemplos reales y prácticos.

Antecedentes históricos

No es mi intención abundar mucho en los inicios de la revolución industrial a mediados del siglo XVII en Inglaterra, Alemania y otros países de Europa, donde empezaron las primeras fábricas que dieron origen a la gran producción de bienes y por lo consiguiente a la contratación de trabajadores, los cuales laboraban jornadas de más de 12 horas, sin ninguna protección laboral, por lo que se refiere a equipos de protección y herramientas de trabajo y mucho menos contaban con leyes y reglamentos que les dieran la protección de un salario en caso de ausencias por enfermedad o accidentes de trabajo, por lo que en un principio los trabajadores solo contaban en ocasiones con la ayuda de asociaciones religiosas, cuando por una enfermedad o accidente, no podían disponer de recursos para su atención médica y de un salario para el sustento de su familia; es por eso que en un principio fueron los propios trabajadores, los que formaron sociedades mutualistas con la participación económica de ellos mismos, para protegerse contra riesgos y enfermedades que les impidieran trabajar y dejar de percibir un ingreso, que permitiera sostener a sus familias, por supuesto aunque estos recursos aliviaban de alguna forma sus necesidades, estos no eran suficientes; esta situación cambió hasta que diversos países industrializados, comprendieron que la protección de los trabajadores asalariados, mediante la seguridad social, debía de estar a cargo del estado, por lo que a raíz de esta situación tuvieron origen las primeras leyes de seguridad social, para la protección de los trabajadores y sus familias.

Fue en Alemania, bajo el gobierno de canciller Otto von Bismarck cuando tuvieron origen las primeras leyes de seguridad social, en 1883 el seguro obligatorio de enfermedades y en 1884 la ley del seguro obligatorio de invalidez y vejez, este ejemplo fue seguido por otros países de Europa y Estados Unidos, por lo que de esta forma se fueron extendiendo los beneficios de la seguridad social para los trabajadores. En nuestro país, la necesidad de la implantación de la seguridad social en beneficio de los trabajadores, quedó plasmada en el artículo 123 fracción XXIX, de la constitución política promulgada el 05 de febrero de 1917, pero fue hasta el 10 de diciembre de 1942, cuando el presidente Manuel Ávila Camacho firmó la iniciativa de la ley del seguro social, que envió al congreso de la unión, por lo que bajo su mandato el día 19 de enero de 1943, se promulgó y publicó la primera ley del seguro social; por lo que todo ese año de 1943, estuvo dedicado a la organización técnica y administrativa del seguro social, así como también al registro de patrones y trabajadores y a conseguir locales para la prestación de servicios médicos y administrativos, por lo que los servicios a la población asegurada y derechohabiente, se iniciaron a partir del mes de enero de 1944.

Es muy importante hacer mención de que desde sus inicios en la seguridad social, México se adhirió al convenio 102 de la organización internacional del trabajo, que establece la norma mínima de la seguridad social, es decir, que señala las prestaciones tanto en especie como en dinero, que deben de recibir como mínimo los trabajadores afiliados y sus beneficiarios, lo cual también estaba supeditado a las condiciones económicas de cada país; así pues, con fecha 29 de diciembre de 1959, bajo el gobierno del presidente Adolfo López Mateos, México ratificó su adición a dicho convenio; también es importante mencionar que desde que se iniciaron los servicios del Instituto Mexicano del Seguro Social, la ley original tuvo varias reformas en los años subsecuentes, por lo que las distintas prestaciones que otorga la ley a la población asegurada y sus beneficiarios, fueron evolucionando y mejorando en cuanto a su cuantía y tiempos de espera medidos en semanas de cotización, de tal manera que en la ley inicial promulgada el 19 de enero de 1943, para tener derecho a disfrutar de las pensiones de vejez, se requería como requisito, haber cotizado un mínimo de 700 semanas de cotización; sin embargo, este tiempo de espera de 700 semanas de cotización, se redujo a 500 semanas de cotización, en la primera reforma realizada a la ley a partir del 28 de febrero de 1949; aun así, 500 semanas de cotización es lo equivalente a 10 años, razón por la cual durante los primeros años de servicio del Seguro Social, no se otorgaron pensiones de vejez a la población asegurada, no tanto por las 500 semanas que se requerían como tiempo de espera, sino más bien, porque a los primeros asegurados al inicio de la vigencia de esta ley en año de 1944, les faltaban muchos años para cumplir el requisito de edad para acceder a la pensión por vejez.

Fue hasta el 12 de marzo de 1973, cuando se promulgó una nueva ley, la cual al inicio de su vigencia, tuvo mejoras a las prestaciones que anteriormente se otorgaban con respecto a la primera ley del Seguro Social y sus reformas posteriores, una de estas mejoras, fue la creación del seguro de guarderías, en beneficio de las madres aseguradas, también hubo mejoras como la relativa al tiempo de espera que debe de transcurrir, para que una mujer que haya contraído matrimonio con un asegurado mayor de 55 años, o con alguien que estuviera disfrutando de una pensión de invalidez, vejez o cesantía en edad avanzada, para tener derecho a disfrutar de la pensión de viudez, tenía que haber transcurrido un periodo de dos años de la celebración del matrimonio al fallecimiento, a menos que hubiera demostrado tener hijos con el asegurado o pensionado fallecido, este tiempo de espera de dos años, se redujo a un año a la entrada en vigor de la ley de 1973, la cual tuvo varias reformas antes del término de su vigencia, que fue el 30 de junio de 1997; una de las principales fue publicada en el diario oficial de la federación el 04 de enero de 1989, la cual mejoró las prestaciones otorgadas a los asegurados y sus beneficiarios legales; uno de estos ejemplos, fue la ayuda de gastos de funeral, destinada a los beneficiarios de los asegurados y pensionados fallecidos, que en el artículo 112 de la ley de 1973, comprendía un pago correspondiente a un mes del salario promedio de cotización, el cual se incrementó a dos meses del salario mínimo del distrito federal, así mismo la pensión de viudez otorgada a la esposa o concubina, desde el inicio de la vigencia de la ley de 1973, era del 50 % de la pensión de invalidez, vejez o de cesantía en edad avanzada, que el asegurado fallecido disfrutaba, o la que le hubiera correspondido en caso de invalidez, si a su fallecimiento no hubiera estado disfrutando de alguna pensión, este porcentaje se incrementó al 90 %; otro ejemplo es el de las pensiones mínimas, que debían percibir los pensionados por invalidez, vejez o cesantía en edad avanzada, que al inicio de la vigencia de la ley de 1973, el artículo 168 establecía que las pensiones de invalidez, vejez o cesantía en edad avanzada, incluyendo las asignaciones familiares y ayudas asistenciales que en su caso correspondan, en ningún caso podrían ser inferiores a $ 600.00 mensuales, cantidad que se incrementó en reformas posteriores a la ley al 100 % del salario mínimo del distrito federal, que en la actualidad, ya es el salario mínimo general.

Con los pocos ejemplos que he mencionado con anterioridad, en mi muy personal opinión, pienso que cualquier reforma a la ley del seguro social, o promulgación de una nueva ley en esa materia, debe representar una mejora en la cuantía de sus prestaciones económicas y simplificación de los trámites que deben de realizar los asegurados y sus beneficiarios legales y no representar un retroceso en las conquistas laborales de los trabajadores, como ocurrió con la ley del Seguro Social de 1997, que fue promulgada y publicada en el diario oficial de la federación el 21 de diciembre de 1995 y entró en vigor el 01 de julio de 1997, la cual concede a los asegurados menores prestaciones, que la ley que la antecedió, la cual terminó su vigencia el 30 de junio de 1997, en lo referente a pensiones de invalidez, vejez y cesantía en edad avanzada, lo mismo ocurre con los beneficiarios legales de estos asegurados o pensionados, que al fallecimiento de los mismos, también reciben pensiones de menor cuantía, que las que otorgaba la ley de 1973.

Por lo anteriormente escrito, el presente libro, lo voy a dedicar a hacer un análisis comparativo, entre las pensiones otorgadas por la ley de 1973 y la ley de 1997, haciendo especial énfasis en la diferencia, en las prestaciones económicas otorgadas por ambas leyes, a los asegurados y sus beneficiarios legales.

Pensiones por invalidez

Las pensiones por invalidez, son otorgadas a los asegurados amparados por la ley del seguro social, que tienen una enfermedad general, o han tenido un accidente no profesional, es decir que tanto la enfermedad o el accidente, no tengan relación con el ejercicio del trabajo; obviamente que para que el trabajador tenga derecho a recibir este tipo de pensión, se requiere que el Seguro Social, mediante los exámenes médicos correspondientes, determine que el asegurado tiene un estado de invalidez, ya sea de carácter temporal o definitivo, de conformidad con los artículos 128 y 129 de la ley de 1973, así como los artículos 119 y 120 de la ley de 1997 y que el trabajador asegurado tenga los tiempos de espera medidos en semanas de cotización que establecen los artículos 131 y 122 conforme a las leyes del seguro social de 1973 y 1997 respectivamente.

Es muy importante mencionar que la cuantía mensual de la pensión por invalidez, bajo el régimen de la ley de 1973, tiene el mismo procedimiento de cálculo, que las pensiones de vejez y cesantía en edad avanzada, de conformidad con la tabla de porcentajes a la cuantía básica y los incrementos anuales a la pensión que establece el artículo 167 de esta ley, con la ventaja de que las pensiones por invalidez no tienen requisito de edad, como es el caso de las anteriormente mencionadas, ya que para tener derecho a la pensión por vejez, se requiere haber cumplido un mínimo de 65 años de edad y en el caso de la pensión por cesantía en edad avanzada, se requiere tener un mínimo de 60 años de edad, o más, siempre y cuando el asegurado tenga menos de 65 años, aunque la diferencia entre los 64 y 65 años sea de un solo día.

En el cálculo de una pensión por invalidez, bajo el régimen de la ley del seguro social de 1973, entran en juego, el salario mínimo vigente en el distrito federal, actualmente UMAS a partir del 2016, así como el salario promedio del trabajador de las últimas 250 semanas de cotización, o las que tuviere acreditadas siempre y cuando sean suficientes para tener derecho a la pensión, en este caso y de conformidad con lo establecido por el artículo 131 de la ley, se requiere que al declararse el estado de invalidez, el asegurado tenga acreditado el pago de un mínimo de 150 cotizaciones semanales y que se encuentre dentro del periodo de conservación de derechos que establece el artículo 182 de la ley; algo muy importante también, es el número de semanas de cotización que el asegurado tenga acreditadas a la fecha de inicio de la pensión, ya que la ley de 1973, concede al pensionado un incremento anual por cada 52 semanas de cotización que rebasen las 500 semanas de cotización, que están establecidas como requisito mínimo, para las pensiones de vejez y cesantía en edad avanzada, de tal manera que esta ley premia con una mayor pensión mensual, a los asegurados que tengan un mayor número de semanas cotizadas, lo que no sucede con las pensiones por invalidez otorgadas con la ley de 1997, que no premia al asegurado por tener un mayor número de semanas cotizadas, ya que esta ley solo aumentó el tiempo de espera a 250 semanas de cotización y solo dispensa a tener un mínimo de 150 semanas de cotización, cuando en el dictamen del departamento de salud en el trabajo, el asegurado tiene un porcentaje de incapacidad para el trabajo del 75 % o más, por lo que los pensionados bajo este régimen de la ley de 1997, están en desventaja con relación a las pensiones que reciben, los que están regidos por la ley de 1973.

Cuando se promulgó la nueva ley del seguro social, publicada en el diario oficial de la federación 21 de diciembre de 1995, que entró en vigor el 01 de julio de 1997 y que es conocida como la ley de 1997, dentro de los motivos de exposición de esta ley, se señaló como una ventaja, que la base de cálculo de la cuantía mensual de la pensión de invalidez, sea equivalente al 35 % del promedio de los salarios de las últimas 500 semanas de cotización, o sea de los diez años anteriores al otorgamiento de la misma, cotizados por el trabajador y actualizados conforme el índice nacional de precios al consumidor INPC, por lo que se consideró que esta iniciativa iba a otorgar mejores pensiones que las que se estaban otorgando a los trabajadores regidos por la ley de 1973, sobre todo porque las nuevas pensiones de invalidez, se iban a incrementar periódicamente conforme al índice nacional de precios al consumidor, para protegerlas en contra del fenómeno de la inflación, a diferencia de las que estaban en curso, bajo el régimen de la ley de 1973, las cuales se incrementaban anualmente conforme al salario mínimo del distrito federal.

Este cálculo que hicieron quienes diseñaron el nuevo sistema de pensiones, bajo el régimen de la ley de 1997, representó un gran error, que trajo como consecuencia que los nuevos pensionados por invalidez, perciban en la actualidad pensiones con menor cuantía que los asegurados amparados por la ley de 1973, porque el salario promedio de los diez años anteriores, aun con el incremento de los mismos por el índice nacional de precios al consumidor, desde un principio resultó menor que el salario promedio de las últimas 250 semanas de cotización, o las 150 que se requieren como mínimo para tener derecho a la pensión, conforme a la ley de 1973. Estos que diseñaron el nuevo sistema de pensiones, no comprendieron que retroceder diez años, por lógica era tomar en cuenta salarios mucho menores que los más recientes, que aun con el incremento al índice nacional de precios al consumidor INPC, no pudieron igualar y menos superar, al salario promedio de las últimas 250 semanas de cotización, o las 150 como mínimo, que la ley de 1973, establece como base para determinar la cuantía de la pensión por invalidez; aunado a esta situación, quienes diseñaron el nuevo sistema de pensiones, no consideraron como parte de cálculo de la pensión, el número de semanas de cotización acreditadas por el asegurado, para incrementar la cuantía mensual de la pensión, lo que trajo como consecuencia, como ya se especificó con anterioridad, que los pensionados por la ley de 1997, reciben pensiones mensuales menores que los de la ley de 1973.

Por lo antes expuesto, a continuación, voy a mencionar 3 casos reales, que se llevaron a cabo en distintas fechas, sin involucrar el nombre de los pensionados, para demostrar que las pensiones por invalidez bajo el régimen de la ley de 1997 tienen una menor cuantía mensual, que las que otorga la ley de 1973.

El primero de estos 3 casos (Tabla 1), es el de un asegurado, al que se le determinó un estado de invalidez con carácter temporal por un año, a partir del 14 de noviembre del 2015, a quien se le otorgó una resolución de pensión con carácter temporal, tomando como base de cálculo, el 35 % del promedio de los salarios correspondientes a las últimas quinientas semanas de cotización, actualizados conforme al INPC, el cual fue de $ 698.93, al que se le aplicó el procedimiento de cálculo establecido en el artículo 141 de la ley de 1997, agregándole también un 15 % adicional por concepto del registro de su beneficiaria esposa, de conformidad con el artículo 138 fracción I de esta misma ley, dando como resultado una pensión mensual de $ 8,556.80, pensión mensual con la que el asegurado estuvo en total desacuerdo.

Así pues, al no estar de acuerdo con la resolución de pensión que le fue otorgada en forma temporal bajo el régimen de la ley de 1997, con un importe mensual de $ 8,556.80, el pensionado metió un recurso de inconformidad, argumentando una violación a sus derechos, toda vez que siendo un asegurado que inició con la ley de 1973, la pensión con carácter temporal que se le otorgó fue bajo el régimen de la ley de 1997. Al respecto el H. consejo consultivo de la delegación correspondiente, le declaró fundado el recurso de inconformidad, pero no porque le respetaran su calidad de asegurado que inició con la ley de 1973, sino porque la opinión técnico-médica del departamento de salud en el trabajo, estableció que el padecimiento que tenía este asegurado, era de carácter definitivo y no temporal; pues el seguro social, tiene como política que tratándose de dictámenes de invalidez con carácter temporal, de trabajadores que iniciaron con la ley de 1973, otorgar la pensión bajo régimen de la ley de 1997, no importando que el artículo tercero transitorio de la ley de 1997, establece que: **los asegurados inscritos con anterioridad a la entrada en vigor de esta ley, así como sus beneficiarios, podrán optar por acogerse al beneficio de dicha ley, o al esquema de pensiones establecido en el presente ordenamiento.**

Tabla 1. DATOS BÁSICOS PARA EL CÁLCULO DE PENSIÓN

Salario Promedio	Sal. Min. del D.F.	Factor	Cuantía Básica	% de incremento	Semanas Cotizadas	N° de incrementos
$ 698.93	----	----	35.00%	----	1722	---

FÓRMULA DE CÁLCULO
(ART. 141 DE LA LEY DE 1997)

	Total Anual
$ 698.93 x 365 x 35.00%	$ 89,288.31
Cuantía Anual de Pensión de Invalidez	$ 89,288.31
Asignaciones Familiares 15%	$ 13,393.25
Pensión Anual de Invalidez con Asignaciones Familiares	$ 102,681.55
Pensión Mensual de Invalidez	$ 8,556.80

Así pues, al haberle resultado favorable el recurso de inconformidad a este asegurado, se canceló la resolución que se la había otorgado con carácter temporal bajo el régimen de la ley de 1997 con un importe mensual de $ 8,556.80 y se le otorgó la pensión mensual por invalidez, ya con carácter definitivo, con un importe mensual de $ 18,209.04 de conformidad con la ley de 1973, con la cual él había iniciado como asegurado.

Tabla 2. DATOS BÁSICOS PARA EL CÁLCULO DE PENSIÓN

Salario Promedio	Sal. Min. del D.F.	Factor	Cuantía Básica	% de incremento	Semanas Cotizadas	N° de incrementos
$ 737.61	$ 70.10	10.52	13.00%	2.450%	1722	23.5

**FÓRMULA DE CÁLCULO
(ART. 167 REFORMADO DE LA LEY DE 1973)**

	Total Anual
$ 737.61 x 365 x 13.00%	$ 34,999.59
$ 737.61 x 365 x 2.450% x 23.5	$ 155,007.82
Cuantía Anual de Pensión de Invalidez	$ 190,007.41
Ayuda Asistencial 15%	$ 28,501.11
Pensión Anual de Invalidez con Ayuda Asistencial	$ 218,508.53
Pensión Mensual de Invalidez	$ 18,209.04

Como se puede observar en el ejemplo anterior, existe una gran diferencia con respecto a las pensiones por invalidez, entre el sistema de pensiones bajo el régimen de la ley de 1997, con respecto a la ley de 1973, que se derogó a partir del 01 de julio de 1997, ya que el cálculo de la pensión mensual de invalidez en el sistema de pensiones de la ley de 1997, está basado en el 35 % del salario promedio de las últimas 500 semanas de cotización actualizados conforme al INPC que en este caso fue de $ 698.93, que ha resultado menor que el salario promedio de las últimas 250 semanas de cotización, que establece como base de cálculo la ley de 1973 que fue de $ 737.61; además y peor aún, como ya se especificó con anterioridad, el sistema de pensiones de la ley de 1997, no contempla incrementos a la mensualidad de la pensión, por el mayor número de semanas cotizadas que tiene el asegurado posteriores a las 500 semanas de cotización, como lo establece el artículo 167 de la ley de 1973, la cual sí premia a los asegurados con una pensión mensual más alta, por tener un mayor número de semanas cotizadas. Así pues, quienes están leyendo este libro, se darán cuenta de que si este asegurado no hubiera recurrido al recurso de inconformidad, ante el consejo consultivo de su delegación del IMSS, hubiera estado cobrando durante todo un año $ 9,652.24 menos cada mes, ya que el dictamen de invalidez inicial con carácter temporal, se le había otorgado por año, lo que hubiera representado para él una pérdida anual de $ 115,826.88, independientemente de que hubiera también tardado todo un año, en disponer de los recursos de su cuenta individual de la Afore, que ascendieron a $ 209,533.62, ya que los asegurados que iniciaron con la ley de 1973, mientras estén percibiendo una pensión con carácter temporal bajo el régimen de la ley de 1997, no podrán disponer de los recursos de su cuenta individual de la Afore, hasta que el dictamen expedido por el departamento de salud en el trabajo, sea con carácter definitivo y elijan el sistema de pensiones de la ley de 1973.

El segundo de los casos que voy a presentar como ejemplo, es el de otro asegurado al que se le dictaminó un estado de invalidez con carácter temporal por un año, a partir del 20 de octubre del 2015, este asegurado que no interpuso un recurso de inconformidad y que también inició con la ley de 1973, al momento en que se le dictaminó la invalidez, tenía cotizadas y reconocidas ante el IMSS 1,376 semanas de cotización, las cuales no se le tomaron en cuenta para calcular la pensión con carácter temporal, bajo el régimen de la ley de 1997, solo se le consideró para efectos del cálculo de la pensión, el tener un mínimo de 250 semanas de cotización que requiere esta ley, y el salario promedio de sus últimas 500 semanas de cotización, que de acuerdo a su historial en la base de datos del IMSS, fue de $ 687.64, por lo que al aplicarle el procedimiento de cálculo del artículo 141 de la ley de 1997, que establece que la cuantía básica de la pensión por invalidez será igual al 35 % del promedio de los salarios correspondientes a las últimas quinientas de cotización, anteriores al otorgamiento de la misma, actualizadas conforme al índice nacional de precios al consumidor INPC, más un 15 % por asignaciones familiares por haber incluido a su beneficiaria esposa. Así pues, la pensión mensual con carácter temporal, que se le otorgó inicialmente a este asegurado por el periodo de un año, fue de $ 8,418.57, con base en el procedimiento de cálculo antes mencionado.

Tabla 3. DATOS BÁSICOS PARA EL CÁLCULO DE PENSIÓN

Salario Promedio	UMA	Factor	Cuantía Básica	% de incremento	Semanas Cotizadas	N° de incrementos
$ 687.64	----	----	35.00%	----	1376	---

FÓRMULA DE CÁLCULO
(ART. 141 DE LA LEY DE 1997)

	Total Anual
$ 687.64 x 365 x 35.00%	$ 87,846.01
Cuantía Anual de Pensión de Invalidez	$ 87,846.01
Asignaciones Familiares 15%	$ 13,176.90
Pensión Anual de Invalidez con Asignaciones Familiares	$ 101,022.91
Pensión Mensual de Invalidez	$ 8,418.57

Una vez que concluyó el periodo de un año, durante el cual este asegurado percibió la pensión con carácter temporal, bajo el régimen de la ley de 1997 por $ 8,418.57, al proporcionarle el departamento de salud en el trabajo, el dictamen de invalidez con carácter definitivo, entonces sí tuvo la oportunidad, ante el departamento de pensiones de la subdelegación correspondiente, de firmar el documento de elección de régimen, que se le notificó en forma previa a la resolución de pensión con carácter definitivo, donde optó por el beneficio de la ley de 1973. Atendido lo establecido por el artículo tercero transitorio de la ley de 1997 y su pensión mensual bajo el régimen de la ley de 1973, fue de $ 13,718.11, de acuerdo con el procedimiento de cálculo del artículo 167 de la ley de 1973.

Tabla 4. DATOS BÁSICOS PARA EL CÁLCULO DE PENSIÓN

Salario Promedio	Sal. Min. del D.F.	Factor	Cuantía Básica	% de incremento	Semanas Cotizadas	N° de incrementos
$ 717.62	$ 73.04	9.83	13.00%	2.450%	1376	17

FÓRMULA DE CÁLCULO
(ART. 167 REFORMADO DE LA LEY DE 1973)

	Total Anual
$ 717.62 x 365 x 13.00%	$ 34,051.07
$ 717.62 x 365 x 2.450% x 17	$ 109,094.39
Cuantía Anual de Pensión de Invalidez	$ 143,145.46
Ayuda Asistencial 15%	$ 21,471.82
Pensión Anual de Invalidez con Ayuda Asistencial	$ 164,617.27
Pensión Mensual de Invalidez	$ 13,718.11

Como se puede observar, entre la pensión de invalidez con carácter temporal conforme al régimen de la ley de 1997 y la pensión de invalidez definitiva bajo el régimen de la ley de 1973, de este segundo caso, hay una diferencia mensual de $ 5,299.54, lo que un año representó para este asegurado una pérdida o percepción menor por la cantidad de $ 63,594.48, además de que también a diferencia del primer caso presentado, este asegurado tuvo que esperar un año, para disponer de los recursos de su cuenta individual de la Afore. Es importante mencionar, que aunque el IMSS está facultado para expedir un dictamen de invalidez con carácter temporal, por periodos renovables al asegurado, de conformidad con el artículo 121 de la ley de 1997, en caso de existir posibilidad de recuperación para el trabajo, también es cierto que el departamento de salud en el trabajo, con base en las opiniones técnico-médicas de las diferentes especialidades que intervienen, para la elaboración de este dictamen, en muchos de los casos tiene las herramientas para determinar desde un principio, cuando un padecimiento es de carácter definitivo y así emitir su dictamen con ese mismo carácter, lo que permitiría a los asegurados que les resulta aplicable la ley de 1973, tener en forma más oportuna una pensión mensual mayor que la de la ley de 1997 y recuperar con más oportunidad los recursos de su cuenta individual de la Afore.

El tercero de los casos que voy a presentar como ejemplo, es de un asegurado al que desde un principio se le emitió un dictamen de invalidez con carácter definitivo, a partir 21 de agosto del 2019, el cual hasta la fecha de su baja e inicio del dictamen de invalidez, tenía reconocidas ante el IMSS 1,410 semanas de cotización, así que como este asegurado empezó a cotizar a partir del año de 1992, el IMSS le dio a elegir antes de otorgarle la pensión, entre el sistema de pensiones de la ley de 1997 y la ley de 1973; informándole que su pensión mensual bajo el régimen de la ley de 1997, sería de $ 17,589.83, con base en un salario promedio de las últimas 500 de cotización de $ 1,436.76 actualizadas conforme al INPC, aplicando el procedimiento de cálculo establecido en el artículo 141, con un incremento a la cuantía básica de la pensión, de un 15 % como asignación familiar, de conformidad con el artículo 138 fracción I, por concepto de su beneficiaria esposa.

Tabla 5. DATOS BÁSICOS PARA EL CÁLCULO DE PENSIÓN

Salario Promedio	Sal. Min. del D.F.	Factor	Cuantía Básica	% de incremento	Semanas Cotizadas	N° de incrementos
$ 1,436.76	----	----	35.00%	----	1410	---

FÓRMULA DE CÁLCULO
(ART. 141 DE LA LEY DE 1997)

	Total Anual
$ 61,436.76 x 365 x 35.00%	$ 183,546.09
Cuantía Anual de Pensión de Invalidez	$ 183,546.09
Asignaciones Familiares 15%	$ 27,531.91
Pensión Anual de Invalidez con Asignaciones Familiares	$ 211,078.00
Pensión Mensual de Invalidez	$ 17,589.83

Por otra parte, este asegurado también tuvo la opción de elegir el sistema de pensiones de la ley de 1973, mediante el cual el IMSS le ofreció una pensión mensual de $ 30,180.59, con base en un salario promedio de sus últimas 250 semanas de cotización de $ 1,544.19 y 1,410 semanas de cotización, aplicándole el procedimiento de cálculo del artículo 167 de esa ley, otorgándole también un 15 % adicional por asignaciones familiares a la cuantía básica de la pensión, de conformidad con el artículo 164 fracción I, por haber registrado a su esposa como beneficiaria.

Tabla 6. DATOS BÁSICOS PARA EL CÁLCULO DE PENSIÓN

Salario Promedio	Sal. Min. del D.F.	Factor	Cuantía Básica	% de incremento	Semanas Cotizadas	N° de incrementos
$ 1,544.19	$ 84.49	18.28	13.00%	2.450%	1410	17.5

FÓRMULA DE CÁLCULO
(ART. 167 REFORMADO DE LA LEY DE 1973)

	Total Anual
$ 1,544.19 x 365 x 13.00%	$ 73,271.28
$ 1,544.19 x 365 x 2.450% x 17.5	$ 241,656.08
Cuantía Anual de Pensión de Invalidez	$ 314,927.90
Ayuda Asistencial 15%	$ 47,239.18
Pensión Anual de Invalidez con Ayuda Asistencial	$ 362,167.08
Pensión Mensual de Invalidez	$ 30,180.59

Como se puede observar en este tercer caso presentado, el salario promedio de cotización de los últimos 10 años, actualizados conforme al INPC de $ 1,436.76, que sirvió de base para determinar la pensión mensual de $ 17,589.79, bajo el régimen de la ley de 1997, es mucho menor que el salario promedio de las últimas 250 semanas de cotización de $ 1,544.19, que sirvió de base para determinar la pensión mensual de $ 30,180.59 bajo el régimen de la ley de 1973, razón por la cual, esta última resultó mayor que la pensión mensual de la ley de 1997, porque la ley de 1997 tiene un procedimiento de cálculo menos favorable para los asegurados, además de no contemplar el número de semanas cotizadas que tiene el asegurado, posteriores a las 500, para incrementar la cuantía mensual de la pensión, lo que deja en una gran desventaja a los pensionados por invalidez bajo el régimen de la ley de 1997, con respecto a los de la ley de 1973; aunado a esta situación, este pensionado al elegir la ley de 1973, además de su pensión mensual, recuperó de su cuenta individual de Afore $ 302,848.70, en cambio, si hubiera elegido la ley de 1997, de acuerdo al documento de elección de régimen que le fue notificado, no hubiera recuperado nada del dinero de su Afore, ya que todo el saldo de su cuenta individual, se hubiera ido a financiar la pensión de invalidez a través de retiros programados en su propia Afore, hasta su agotamiento, para posteriormente ser turnados estos casos a la nómina del IMSS, para continuar con su pago, hasta la extinción del derecho por muerte del pensionado, o beneficiarios que hayan percibido la pensión por su fallecimiento.

Después de que los lectores de este libro, hayan tomado nota de los tres ejemplos anteriormente mencionados, les habrá quedado claro que las pensiones mensuales por invalidez bajo el régimen de la ley de 1997, son mucho menores en su cuantía mensual, que las pensiones por invalidez bajo el régimen de la ley de 1973 y por lo consiguiente, la nueva ley del Seguro Social publicada en el diario oficial de la federación el 21 de diciembre de 1995, lejos de mejorar las condiciones de los trabajadores asegurados, representó un franco retroceso en sus conquistas laborales.

Por otra parte, los lectores de este libro, se preguntarán, ¿de dónde salen los porcentajes para calcular la pensión mensual de invalidez y sus incrementos con base a las semanas de cotización, que el asegurado tiene reconocidas bajo el régimen de la ley de 1973? La respuesta es: de la tabla de porcentajes a la cuantía básica, que está establecida en el artículo 167 de dicha ley, la cual la explicaré de manera muy amplia y específica, cuando entre en materia para el cálculo de las pensiones de vejez y cesantía en edad avanzada, ya que como lo mencioné con anterioridad, las pensiones por invalidez, tienen el mismo procedimiento de cálculo que las pensiones de vejez y cesantía en edad avanzada, con la diferencia de que las pensiones por invalidez, no tienen como requisito tener una edad determinada.

Yo tengo toda la seguridad, después de haber descrito los tres ejemplos anteriores, que muchos de los miles de pensionados por invalidez que hay en todo el país aún con vida y que tengan la oportunidad de leer este libro, me van a dar la razón, porque lo que yo he manifestado en este libro, les ocurrió a ellos.

Pensiones por vejez

Las pensiones por vejez tienen como requisito principal, que la persona asegurada en el régimen obligatorio del seguro social, tenga como mínimo 65 años de edad y conforme al artículo 138 de la ley del seguro social de 1973, un mínimo de 500 semanas de cotización, estos requisitos se han mantenido vigentes desde 28 de febrero de 1949, cuando se redujo el tiempo de espera de 700 a 500 semanas de cotización, en la primera reforma a la ley inicial del seguro social, promulgada el 19 de enero de 1943, hasta el 30 de junio de 1997, fecha en que terminó la vigencia de la ley del seguro social que fue promulgada el 12 de marzo de 1973 que mantuvo el mismo tiempo de espera de 500 semanas de cotización para las pensiones de vejez, desde luego que este tiempo de espera de cumplir con un mínimo de 500 semanas de cotización reconocidas en el régimen obligatorio del seguro social, se sigue respetando para todas las personas aseguradas que empezaron a cotizar antes del 01 de julio de 1997. Cuando yo tomé posesión como jefe delegacional de prestaciones económicas en el año de 1995, estaba en vigor la ley de 1973, promulgada el 12 de marzo de 1973 y la base para calcular las pensiones de vejez, así como las de invalidez y cesantía en edad avanzada, era la siguiente tabla de grupos de salario (Tabla 7), además de una posterior que les mostraré más adelante.

Esta tabla de grupo de salarios, establecida en el artículo 167 de la ley de 1973, empezó a entrar en desuso a partir de la devaluación del peso en el año de 1982, cuando el presidente de la República Mexicana era el licenciado José López Portillo, pues en esa época que me tocó vivir plenamente, como a muchos de los lectores de este libro, como los precios de los bienes y servicios subían casi a diario y los alimentos, la ropa y sobre todo los aparatos domésticos y electrónicos tuvieron precios inalcanzables para el consumidor, de tal manera que el gobierno se vio en la necesidad de aumentar también constantemente los salarios mínimos, lo que hizo que todos los salarios de los trabajadores se fueran arriba del límite superior establecido del grupo W, que para el cálculo de la cuantía básica de una pensión, se tomaba el 35 % del salario de cotización y un incremento anual de 1.25 %, por cada 52 semanas que rebasaran las 500 cotizaciones de base para las pensiones de invalidez, vejez y cesantía en edad avanzada.

Tabla 7.

Grupo	Salario diario			Cuantía Básica Anual	Incremento Anual a la Cuantía Básica
	Más de	Promedio	Hasta		
K	$ --.--	$ 26.40	$ 30.00	$ 4,324.32	$ 144.14
L	30.00	35.00	40.00	5,733.00	191.10
M	40.00	45.00	50.00	7,371.00	245.70
N	50.00	60.00	70.00	8,736.00	327.60
O	70.00	75.00	80.00	10,920.00	409.50
P	80.00	90.00	100.00	12,448.80	442.26
R	100.00	115.00	130.00	15,906.80	565.11
S	130.00	150.00	170.00	20,748.00	737.10
T	170.00	195.00	220.00	24,843.00	887.25
U	220.00	250.00	280.00	31,850.00	1,137.50
W	280.00	Hasta el límite superior establecido.		Un 35 % del salario de cotización.	Un 1.25 % del salario de cotización

En razón de lo anterior, esta tabla de grupos de salarios fue sustituida con las reformas a la ley del seguro social, que fueron publicadas en el diario oficial de la federación del 27 de diciembre de 1990, que entraron en vigor el 01 de enero de 1991, en cuyo artículo quinto transitorio quedó establecido, que: **A los asegurados que a la fecha que entre en vigor el presente decreto, ya hubiesen computado los tiempos de espera requeridos por la ley, para el otorgamiento de las prestaciones en ella previstas, solo se les aplicará la nueva tabla contenida, en el artículo 167 reformado, en caso de que esta resultare más favorable para ellos.**

Así pues, la nueva tabla para calcular la cuantía básica y los incrementos anuales a las pensiones de invalidez, vejez y cesantía en edad avanzada a partir del 01 de enero de 1991, es la siguiente.

Tabla 8.

GRUPO DE SALARIO EN VSMGDF	PORCENTAJE DE LOS SALARIOS	
	CUANTÍA BÁSICA %	INCREMENTO ANUAL %
Hasta 1	80.00	0.563
De 1.01 a 1.25	77.11	0.814
De 1.26 a 1.50	58.18	1.178
De 1.51 a 1.75	49.23	1.430
De 1.76 a 2.00	42.67	1.615
De 2.01 a 2.25	37.65	1.756
De 2.26 a 2.50	33.68	1.868
De 2.51 a 2.75	30.48	1.958
De 2.76 a 3.00	27.83	2.033
De 3.01 a 3.25	25.60	2.096
De 3.26 a 3.50	23.70	2.149
De 3.51 a 3.75	22.07	2.195
De 3.76 a 4.00	20.65	2.235
De 4.01 a 4.25	19.39	2.271
De 4.26 a 4.50	18.29	2.302
De 4.51 a 4.75	17.30	2.330
De 4.76 a 5.00	16.41	2.355
De 5.01 a 5.25	15.61	2.377
De 5.26 a 5.50	14.88	2.398
De 5.51 a 5.75	14.22	2.416
De 5.76 a 6.00	13.62	2.433
De 6.01 a Límite superior establecido	13.00	2.450

TABLA DE CUANTIFICACIÓN DE PENSIONES ARTICULO 167 LEY DEL IMSS DE 1973

Así que a partir del 01 de enero de 1991, cuando una persona solicitaba el trámite de una pensión de invalidez, vejez o cesantía en edad avanzada, el sistema de pensiones del seguro social, estaba adecuado para que se registrara en el mismo, las semanas de cotización que la persona asegurada había cotizado hasta el 31 de diciembre de 1990, o sea que si una persona solicitante de una pensión por invalidez, tenía como mínimo 150 semanas de cotización, o 500 semanas de cotización para vejez o cesantía en edad avanzada, el sistema de pensiones calculaba la pensión conforme a las tablas del artículo 167 anterior al 31 de diciembre de 1990 y del artículo 167 reformado a partir del 01 de enero de 1991 y le otorgaba la pensión más favorable a la persona asegurada, situación que se sigue haciendo en la actualidad, pero con muy poca frecuencia resulta aplicable el artículo 167 anterior de la ley de 1973, porque actualmente son muy pocas personas que reúnen ese requisito, ya que su aseguramiento es posterior al año de 1980, o aunque algunas tienen un aseguramiento anterior a esa fecha, no cotizaron en forma continua en el régimen obligatorio del seguro social y al hacer un alto al 30 de diciembre de 1990, los aspirantes a recibir una pensión por invalidez, no tienen reconocidas a esa fecha 150 semanas de cotización y los aspirantes a recibir una pensión de vejez o cesantía en edad avanzada, tampoco tienen reconocidas un mínimo de 500 semanas de cotización, así que solo les resulta aplicable el cálculo de la pensión respectiva conforme al procedimiento del artículo 167 reformado de la ley de 1973.

A continuación, voy a ilustrar con un ejemplo, como se hace el cálculo de una pensión de vejez aplicando el procedimiento de cálculo del artículo 167 anterior de la ley de 1973, situándonos en el año 2019, cuando el UMA era de $ 84.49 y tomando en consideración, que este asegurado, además de tener un mínimo de 65 años de edad, tenía 1,200 semanas cotizadas y un salario promedio de $ 953.47 de las últimas 250 semanas de cotización.

Tabla 9. DATOS BÁSICOS PARA EL CÁLCULO DE PENSIÓN

Salario Promedio	UMA	Factor	Cuantía Básica	% de incremento	Semanas Cotizadas	N° de incrementos
$ 953.47	$ 84.49	8.87	35.00%	1.250%	1200	13.5

FÓRMULA DE CÁLCULO
(ART. 167 ANTERIOR DE LA LEY DE 1973)

	Más 11%	Total Anual
$ 953.47 x 365 x 35.00%	$ 121,805.79	$ 13,398.64	$ 135,204.43
$ 953.47 x 365 x 1.250% x 13.5	$ 58,727.79	$ 6,460.06	$ 65,187.85
Asignaciones Familiares 15%		$ 200,392.28
Ayuda Asistencial 15%		$ 30,058.84
Pensión Anual de Vejez con Asignaciones Familiares		$ 230,451.12
Pensión Mensual de Vejez		$ 19,204.26

Como se podrá observar, aplicando el procedimiento de cálculo del artículo 167 anterior, la pensión mensual para este asegurado sería de $ 19,204.26, sin embargo, si a este mismo pensionado, se le aplicara el procedimiento de cálculo del artículo 167 reformado de la ley de 1973, con sus mismos datos en cuanto a su salario promedio de $ 953.47 y sus 1,200 semanas de cotización, el resultado sería distinto, con una pensión de $ 17,057.09 mensuales.

Tabla 10. DATOS BÁSICOS PARA EL CÁLCULO DE PENSIÓN

Salario Promedio	UMA	Factor	Cuantía Básica	% de incremento	Semanas Cotizadas	N° de incrementos
$ 953.47	$ 84.49	8.87	13.00%	2.450%	1200	13.5

FÓRMULA DE CÁLCULO
(ART. 167 REFORMADO DE LA LEY DE 1973)

	Más 11%	Total Anual
$ 953.47 x 365 x 13.00%	$ 45,242.15	$ 4,976.64	$ 50,218.79
$ 953.47 x 365 x 2.450% x 13.5	$ 115,106.47	$ 12,661.71	$ 127,768.19
Cuantía Anual de Pensión de Vejez		$ 177,986.97
Asignaciones Familiares 15%		$ 26,698.05
Pensión Anual de Vejez con Asignaciones Familiares		$ 204,685.02
Pensión Mensual de Vejez		$ 17,057.09

Cualquier persona podría pensar, que el artículo 167 anterior de la ley de 1973, resulta siempre más favorable, que el artículo 167 reformado, sin embargo, eso no es así, como lo vamos a ver en los siguientes dos ejemplos que voy a describir con el mismo pensionado, con el mismo salario promedio de $ 953.47, pero que en lugar de haber cotizado 1,200 semanas, alcanzó a cotizar hasta la fecha de su baja 1,600 semanas.

Tabla 11. DATOS BÁSICOS PARA EL CÁLCULO DE PENSIÓN

Salario Promedio	UMA	Factor	Cuantía Básica	% de incremento	Semanas Cotizadas	N° de incrementos
$ 953.47	$ 84.49	8.87	35.00%	1.250%	1600	21

FÓRMULA DE CÁLCULO
(ART. 167 REFORMADO DE LA LEY DE 1973)

	Más 11%	Total Anual
$ 953.47 x 365 x 35.00%	$ 121,805.79	$ 13,398.64	$ 135,204.43
$ 953.47 x 365 x 1.250% x 21	$ 91,354.34	$ 10,048.98	$ 101,403.32
Cuantía Anual de Pensión de Vejez		$ 236,607.75
Asignaciones Familiares 15%		$ 35,491.16
Pensión Anual de Vejez con Asignaciones Familiares		$ 272,098.91
Pensión Mensual de Vejez		$ 22,674.91

Aquí la pensión mensual fue de $ 22,674.91, aplicando el procedimiento de cálculo del artículo 167 anterior de la ley de 1973; sin embargo, al aplicar el procedimiento de cálculo del artículo 167 reformado, el resultado es de $ 23,859.56, como pensión mensual.

La explicación de esta diferencia en la pensión, es que aunque el porcentaje del 35.00 %, del artículo 167 anterior, siempre va a resultar mayor que el 13.00 % para la cuantía básica del artículo 167 reformado, a mayor número de semanas cotizadas por el asegurado, el 1.25 %, es superado por el 2.450 %, en el cálculo de incrementos a la cuantía básica, de tal manera que a cualquier asegurado, al que le corresponda que el sistema de pensiones del IMSS, le haga el cálculo de la pensión, tanto por el artículo 167 anterior como el reformado, el mismo sistema le va a otorgar la pensión que más le favorezca.

Tabla 12. DATOS BÁSICOS PARA EL CÁLCULO DE PENSIÓN

Salario Promedio	UMA	Factor	Cuantía Básica	% de incremento	Semanas Cotizadas	N° de incrementos
$ 953.47	$ 84.49	8.87	13.00%	2.450%	1600	21

FÓRMULA DE CÁLCULO
(ART. 167 REFORMADO DE LA LEY DE 1973)

		Más 11%	Total Anual
$ 953.47 x 365 x 13.00%	$ 45,242.15	$ 4,976.64	$ 50,218.79
$ 953.47 x 365 x 2.450% x 21	$ 179,054.51	$ 19,696.00	$ 198,750.61
Cuantía Anual de Pensión de Vejez			$ 248,969.30
Asignaciones Familiares 15%			$ 37,345.39
Pensión Anual de Vejez con Asignaciones Familiares			$ 286,314.69
Pensión Mensual de Vejez			$ 23,859.56

En los años que me desempeñé como jefe del departamento de prestaciones económicas en una subdelegación del Seguro Social, en el estado de Veracruz y en todos estos años posteriores a mi jubilación por años de servicio, en que he observado muy de cerca todo lo relativo a las pensiones por ley del Seguro Social, me he dado cuenta de que las pensiones de vejez, son menos numerosas que las pensiones de cesantía en edad avanzada y esto se debe principalmente a que para percibir la pensión de cesantía en edad avanzada, solo se requiere cumplir con la edad mínima de 60 años y para la pensión de vejez la edad mínima es de 65 años, pues mientras el asegurado tenga menos de 65 años, aunque la diferencia sea de un solo día, la pensión siempre va a ser por cesantía en edad avanzada.

Las razones por la que un asegurado se pensiona hasta los 65 años de edad, o aún después de los 65 años, se debe a diversas causas, como el hecho de haber empezado a cotizar para el Seguro Social ya muy grande de edad, o haber empezado a laborar muy jóvenes, pero que dejaron de cotizar muchos años para el seguro social, a veces porque aunque tuvieron una relación laborar con un patrón, este no los aseguró desde un principio ante el IMSS; también es muy frecuente encontrarse con personas que tienen negocios familiares, pero que al seguro social, solo lo relacionaron con la prestación de servicios médicos y no con una pensión para asegurar su futuro económico, de tal manera que a raíz de la crisis económica por la pandemia del COVID-19, en que los negocios bajaron sus ingresos e incluso cerraron, muchos de sus dueños pensaron en una pensión para tener algún ingreso, dándose cuenta de que a pesar de tener la edad necesaria para aspirar a una pensión, lamentablemente, por no haber cotizado en forma continua, no tenían las semanas de cotización suficientes para cubrir el requisito.

Cuando entró en vigor la ley del seguro social de 1997, quienes estábamos laborando en el área de pensiones del departamento de prestaciones económicas, estábamos conscientes de que tenían que pasar muchos años para que se originaran las primeras pensiones de cesantía en edad avanzada y vejez, debido a que el tiempo de espera de 500 semanas de cotización, que se requerían para obtener estas pensiones en el régimen de la ley de 1973, se incrementó a 1,250 semanas de cotización en el régimen de la ley de 1997, o sea que suponiendo que un nuevo asegurado, empezara a cotizar para el seguro social a partir del 01 de julio de 1997, teniendo 20 años de edad, la pensión por cesantía en edad avanzada, la obtendría 40 años después de iniciar a trabajar, siempre y cuando haya cotizado en forma continua; sin embargo, me ha tocado conocer de casos de personas que ya estando en vigor la ley del seguro social de 1997, se han registrado por primera vez como trabajadores asegurados, ya con una edad avanzada, por lo que para obtener una pensión de cesantía en edad avanzada o vejez, les resultaba casi imposible con el tiempo de espera de 1,250 semanas de cotización, situación que fue subsanada a raíz de las más recientes reformas a la ley del seguro social, publicadas en el diario oficial de la federación el 16 de diciembre del 2020, que entraron en vigor a partir del 01 de enero del 2021, en las cuales el tiempo de espera, se redujo de 1,250 a 1,000 semanas de cotización, estableciéndose en el artículo cuarto transitorio de estas reformas, que a partir de la entrada en vigor de estas reformas, las semanas de cotización que se requieren para obtener los beneficios señalados en los artículos 154 y 162 de la ley, los cuales se refieren a las pensiones de cesantía en edad avanzada y vejez, serán de setecientas cincuenta y se incrementarán anualmente veinticinco semanas, hasta alcanzar las mil semanas de cotización en el año 2031. Por esta razón se empezaron a generar, de manera más anticipada, las primeras pensiones de cesantía en edad avanzada y vejez, bajo el régimen de la ley del seguro social de 1997.

A mí en lo personal, me ha tocado tener conocimiento a partir del año 2022, de dos pensiones de vejez otorgadas bajo el régimen de la ley de 1997, las cuales me han dejado constancia de la gran diferencia que existe entre las pensiones otorgadas por la ley del Seguro Social de 1997, con respecto a la ley de 1973, por lo que a continuación me voy a permitir hacer alusión a ellas, para que los lectores de este libro tengan conciencia de dicha diferencia.

El primero de los casos, es el de un asegurado, nacido en el año de 1955, al que lo dieron de alta en el seguro social hasta el año 2001, habiendo acumulado 1,093 semanas de cotización a la fecha de su baja, que fue el 28 de diciembre del 2021, con un salario promedio actualizado conforme al índice nacional de precios al consumidor INPC de $ 108.83, a quien a cambio de los recursos de su cuenta individual de Afore, por la cantidad de $ 168,372.59, le fue otorgada una pensión mensual de $ 3,607.30, mensualidad que le fue incrementada conforme al INPC a partir de del 01 de febrero del 2022 a $ 4,148.39, mensualidad que es menor a la pensión mínima de la ley de

1973 que a partir del 01 de enero del 2022, es de $ 5,836.52, así que este caso es una muestra patente de que las pensiones de vejez bajo el régimen de la ley de 1997, son mucho menores que las de la ley de 1973 y representan un retroceso en las conquistas laborales de los trabajadores afiliados al Instituto Mexicano del Seguro Social.

El segundo de los casos, es el de una asegurada que empezó a cotizar en el régimen obligatorio del seguro social a partir del año de 2005, ya estando en vigor la ley del Seguro Social de 1997, logrando acumular 880 semanas de cotización hasta la fecha de su baja que fue el 15 de agosto del 2022, por lo que el Seguro Social le otorgó una pensión de $ 7,757.47 mensuales, a cambio de la totalidad de los recursos de su cuenta individual de $ 625,650.92; con base en este caso, realicé un cálculo de lo que le hubiera correspondido, si su pensión se le hubiera otorgado con base en el artículo 167 reformado de la ley del Seguro Social de 1973, con un salario promedio de sus últimas doscientas cincuenta semanas de cotización de $ 679.38 y 880 cotizaciones, habiendo resultado una pensión mensual de $ 8,276.16 con una diferencia mensual de $ 518.69 con respecto a la pensión otorgada bajo el régimen de la ley de 1997.

Tabla 13. DATOS BÁSICOS PARA EL CÁLCULO DE PENSIÓN

Salario Promedio	UMA	Factor	Cuantía Básica	% de incremento	Semanas Cotizadas	N° de incrementos
$ 679.38	$ 96.22	7.06	13.00%	2.450%	880	7.5

FÓRMULA DE CÁLCULO
(ART. 167 REFORMADO DE LA LEY DE 1973)

		Más 11%	Total Anual
$ 953.47 x 365 x 13.00%	$ 32,236.58	$ 3,546.02	$ 35,782.60
$ 953.47 x 365 x 2.450% x 7.5	$ 45,565.17	$ 5,012.17	$ 50,577.34
Cuantía Anual de Pensión de Vejez			$ 86,359.94
Asignaciones Familiares 15%			$ 12,953.99
Pensión Anual de Vejez con Asignaciones Familiares			$ 99,313.93
Pensión Mensual de Vejez			$ 8,276.16

Aquí el problema, no es solo que la pensión por ley del Seguro Social de 1997, es menor que la que le hubiera correspondido por la ley de 1973, sino que todos los recursos de la cuenta individual de la pensionada, o sea los $ 625,650.92, se quedan en la Afore, la cual le va a pagar su pensión en lo sucesivo hasta su fallecimiento, pero las mensualidades de su pensión van a salir de su propio dinero de la cuenta individual, con base en retiros programados, de conformidad con lo establecido por el artículo 164 fracción II de la ley de 1997, lo que será por un tiempo incierto de acuerdo a su esperanza de vida, en virtud de que la pensionada tenía 77 años al inicio de su pensión y en caso de fallecimiento, no tiene beneficiarios legales con derecho a alguna pensión; en cambio, si la pensión hubiera sido conforme a la ley de 1973, además de su pensión mensual de $ 8,276.16, hubiera disfrutado de la devolución $ 387,823.22, por concepto de SAR 97 Y VIVIENDA 97, quedando para el financiamiento de su pensión, la cantidad de $ 237,827.70, acumulados en la subcuenta cesantía vejez y cuota social, como recuperación del gobierno federal, que es quien tiene a su cargo la nómina de pensionados de la ley de 1973, de acuerdo a lo establecido por el artículo duodécimo transitorio de la ley del seguro social de 1997.

La pregunta que cualquiera se haría es, si el procedimiento de cálculo para determinar la cuantía de las pensiones de vejez otorgadas bajo el régimen de la ley de 1973, es con base en el artículo 167 anterior o reformado de esa ley, cuál es la base del cálculo de las pensiones de vejez bajo el régimen de la ley de 1997; la respuesta es que en la ley original publicada en el diario de la federación el 21 de diciembre de 1995, no existe un procedimiento de cálculo aritmético para determinar la cuantía mensual de la pensión, pues en caso de pensiones por vejez, el dinero acumulado en la cuenta individual por el trabajador, al término de su vida laboral, lo debía poner a disposición de una aseguradora privada, para que esta le asigne una renta vitalicia mensual, o mantener en la administradora de fondos para el retiro, el saldo de su cuenta individual y efectuar, con cargo a esta, retiros programados, todo esto está normado en los artículos 161 al 164 de la ley de la ley de 1997, ahora bien, a raíz de las reformas del 16 de diciembre del 2020, se diseñó una tabla que se incluyó en el artículo 170 de la ley, para determinar el importe mensual de cada pensión de acuerdo al salario base de cotización medido en UMAS, la edad de las personas y el número de semanas de cotización acumuladas al final de su vida laboral; tabla que se ha venido actualizando anualmente a partir del 01 de febrero de los años subsecuentes y en la que se basaron los importes mensuales de las pensiones comentadas en los casos primero y segundo.

Tabla 14. PENSIÓN GARANTIZADA DE LEY 97 AÑO 2020

Salario Base de Cotización	Edad	Semanas de Cotización										
		1000	1025	1050	1075	1100	1125	1150	1175	1200	1225	1250+
		Pensión garantizada mensual en pesos										
1 SM* a 1.99 UMA**	60	2622	2716	2809	2903	2997	3090	3184	3278	3371	3465	3559
	61	2660	2753	2847	2941	3034	3128	3221	3315	3409	3502	3596
	62	2697	2791	2884	2978	3072	3165	3259	3353	3446	3540	3634
	63	2734	2828	2992	6015	3109	3203	3296	3390	3484	3577	3671
	64	2772	2866	2959	3053	3147	3240	3334	3427	3521	3615	3708
	65+	2809	2903	2997	3090	3184	3278	3371	3465	3559	3652	3746
2.0 a 2.99 UMA	60	3409	3530	3652	3774	3896	4017	4139	4261	4383	4504	4626
	61	3457	3579	3701	3823	3944	4066	4188	4310	4431	4553	4675
	62	3506	3628	3750	3871	3993	4115	4237	4358	4480	4602	4724
	63	3555	3677	3798	3920	4042	4164	4285	4407	4529	4651	4772
	64	3604	3725	3847	3969	4091	4212	4334	4456	4577	4699	4821
	65+	3652	3774	3896	4017	4139	4261	4383	4504	4626	4748	4870
3.0 a 3.99 UMA	60	4195	4345	4495	4645	4795	4945	5094	5244	5394	5544	5694
	61	4255	4405	4555	4705	4855	5005	5154	5304	5454	5604	5754
	62	4315	4465	4615	4765	4915	5064	5214	5364	5514	5664	5814
	63	4375	4525	4675	4825	4975	5124	5274	5424	5574	5724	5874
	64	4435	4585	4735	4885	5034	5184	5334	5484	5634	5784	5933
	65+	4495	4645	4795	4945	5094	5244	5394	5544	5694	5844	5993
4.0 a 4.99 UMA	60	4982	5160	5338	5516	5694	5872	6050	6228	6405	6583	6761
	61	5053	5231	5409	5587	5765	5943	6121	6299	6477	6655	6832
	62	5124	5302	5480	5658	5836	6014	6192	6370	6548	6726	6904
	63	5196	5373	5551	5729	5907	6085	6263	6441	6619	6797	6975
	64	5267	5445	5623	5801	5978	6156	6334	6512	6690	6868	7046
	65+	5338	5516	5694	5872	6050	6228	6405	6583	6761	6939	7117
5.0 UMA en adelante	60	5769	5975	6181	6387	6593	6799	7005	7211	7417	7623	7829
	61	5851	6057	6263	6469	6675	6881	7087	7293	7499	7705	7911
	62	5933	6140	6346	6552	6758	6964	7170	7376	7582	7788	7994
	63	6016	6222	6428	6634	6840	7046	7252	7458	7664	7870	8076
	64	6098	6304	6510	6716	6922	4128	7334	7540	7746	7953	8159
	65+	6181	6387	6593	6799	7005	7211	7417	7623	7829	8035	8241

*Salario Mínimo.
**Unidad de Medida y Actualización.
El monto de la pensión se actualizará anualmente en el mes de febrero, conforme al Índice Nacional de Precios al Consumidor, para garantizar su poder adquisitivo.

Desde mi muy particular punto de vista, esta tabla que está comprendida en el artículo 170 de la ley, que fue incluida en las reformas del 16 de diciembre del 2020, estuvo muy mal diseñada por quienes la elaboraron, porque me ha tocado ver casos reales de resoluciones de pensión de vejez, como el primero de los que presenté anteriormente, donde la mensualidad de pensión que le fue otorgada de $ 3,607.30, a partir de su baja que fue el 28 de diciembre del 2021, no concuerda en nada con esa tabla, ya que ese asegurado se pensionó con más de 65 años, teniendo 1,093 semanas de cotización y de acuerdo a esa tabla le corresponderían $ 3,284.30 y con el incremento a partir del 01 de febrero del 2022 del 7.36 %, esa pensión subiría a $ 3,526.02; sin embargo, en su resolución de pensión a partir del 01 de febrero del 2022, su pensión subió a $ 4,148.39, habiendo quedado en un rango, como si este asegurado hubiera cotizado 1,250 semanas o más, así que esta tabla, no solo está muy mal diseñada, sino que también, representa un retroceso en la pensión mínima, que el estado aseguraba a los pensionados por vejez, amparados por la ley de 1973, pues anteriormente un pensionado por vejez o cesantía en edad avanzada, podía aspirar al inicio de su pensión, a una mensualidad equivalente al salario mínimo general para el distrito federal, el cual se actualizaba anualmente conforme al incremento del salario mínimo del distrito federal, lo que cambió a partir del 01 de febrero del 2002, de conformidad con el artículo décimo primero transitorio de las reformas a la ley publicadas en el diario oficial de la federación del 20 de diciembre del 2001, ya que a partir de esa fecha, las pensiones otorgadas bajo el régimen de la ley de 1973, se incrementan conforme al índice nacional de precios al consumidor, a partir del 01 de febrero de cada año, como sucede con las de la ley de 1997 desde el inicio de su vigencia; sin embargo, ahora que se están generando las primeras pensiones de vejez, bajo el régimen de la ley de 1997, estamos viendo que estas están muy debajo del salario mínimo general, pues basándose en esta nueva tabla incluida en el artículo 170 de la ley, un asegurado de 65 años o más, que tenga más de 1,250 semanas de cotización y un salario base de cotización de 1 a 1.99 UMAS, como es lo más común en nuestro país, lo máximo a que podía aspirar en el año 2021, es a una pensión mensual de $ 3,864.00, cuando la pensión mínima bajo el régimen de la ley de 1973, para ese año 2021 es de $ 4,148.39, aun cuando el trabajador asegurado tenga un mínimo de 500 semanas de cotización y un salario promedio de las últimas doscientas cincuenta semanas de cotización, más bajo que una UMA.

Las pensiones mínimas garantizadas bajo el régimen de la ley de 1973, que actualmente se siguen otorgando a asegurados, que empezaron a cotizar antes del 01 de julio de 1997, son mayores que las de la ley de 1997, aun cuando el asegurado tenga reconocidas un mínimo de 500 semanas de cotización y aunque al hacer el cálculo aritmético de su pensión, este resulte menor a la pensión mínima, el sistema de pensiones del IMSS, siempre la va a igualar a una mensualidad equivalente al salario mínimo general vigente, a la fecha de inicio de la pensión, de conformidad con el artículo 168 de la ley de 1973.

Conservación de derechos

Para tener derecho a disfrutar de las distintas prestaciones, tanto en especie como en dinero, la ley, del Seguro Social tiene como requisito el cumplimiento de tiempos de espera, medidos en semanas de cotización, que deben de cumplir los asegurados y que al ser dados de baja entran en un periodo de conservación de derechos, mediante el cual, aun estando dados de baja los asegurados y sus beneficiarios en algunos casos, tienen derecho a disfrutar de las prestaciones que establece la ley.

Un ejemplo con relación a las prestaciones en especie, es el relativo al servicio médico, al que tienen derecho los trabajadores asegurados y sus beneficiarios legales, que de acuerdo al artículo 109 de la ley vigente, que establece que: el asegurado que quede privado de trabajo remunerado, pero que haya cubierto inmediatamente antes de tal privación, un mínimo de ocho cotizaciones semanales ininterrumpidas, conservará durante las ocho semanas posteriores a la desocupación, el derecho a recibir exclusivamente la asistencia médica y de maternidad, quirúrgica, farmacéutica y hospitalaria que sea necesaria. Del mismo derecho disfrutarán sus beneficiarios. El espíritu de la ley es no dejar desprotegido al trabajador, ni a sus beneficiarios legales, después de que el trabajador causó baja, pues con esta conservación de derechos, no solo se les está protegiendo con la atención médica, sino que, de alguna manera, le está conservando ese derecho por un periodo de 56 días, para que el trabajador consiga otro trabajo y continúe cotizando, y generando derechos para las distintas prestaciones que otorga la ley del Seguro Social. De igual manera, sucede con el seguro de guarderías, que el Seguro Social proporciona a las trabajadoras aseguradas, así como a padres viudos o divorciados que tengan la custodia de sus hijos, quienes al ser dados de baja del régimen obligatorio del seguro social, conservan durante las cuatro semanas posteriores a dicha baja, el derecho a las prestaciones de este seguro; esta conservación de derechos contemplada en el artículo 207 de la ley del Seguro Social, representa un alivio temporal para quienes tenían ese derecho y fueron dados de baja del régimen obligatorio, pues esas cuatro semanas posteriores a su baja, representan la oportunidad de buscar otro trabajo, que le siga otorgando las mismas prestaciones contempladas en la ley.

Otro ejemplo de conservación de derechos, es el de la ayuda de gastos de matrimonio; la ley en su artículo 165, tiene como requisito para tener derecho a esta ayuda, que el asegurado haya cotizado un mínimo de ciento cincuenta semanas de cotización en el seguro de retiro, cesantía en edad avanzada y vejez; así pues, el artículo 166 de la ley, establece una conservación de derechos para que el asegurado pueda recibir esta prestación, si contrae matrimonio dentro de 90 días hábiles, contados a partir de su fecha de baja del régimen obligatorio. Desde mi punto de vista muy particular no vale la pena que un asegurado solicite esta prestación, porque no es muy significativa, ya que consiste en una cantidad equivalente a treinta unidades de medida y actualización, UMA, así que, situándonos en el año 2022, donde el UMA es de $ 96.22, la cantidad que se recibiría es de $ 2,886.60, además de que ese dinero sale de la cuota social, de propia cuenta individual del trabajador.

En mi opinión muy personal, el periodo de conservación de derechos más importante, del cual deben de estar siempre pendientes los trabajadores asegurados, es el que está contemplado en el artículo 182 de la ley de 1973, el cual establece que: los asegurados que dejen de pertenecer al régimen obligatorio, conservarán los derechos que tuvieren adquiridos a las pensiones en los seguros de invalidez, vejez, cesantía en edad avanzada y muerte, por un periodo igual a la cuarta parte del tiempo cumplido en sus cotizaciones semanales, contados a partir de la fecha de su baja, estando establecido en este mismo artículo, que este tiempo de conservación de derechos, no será menor a doce meses.

En el tiempo que me desempeñé como jefe del departamento de prestaciones económicas en una subdelegación del Seguro Social del estado de Veracruz, me tocó ver cómo a muchos de los asegurados que llegaron a tramitar una pensión por cesantía en edad avanzada o vejez, por tener los requisitos de 60 o 65 años de edad respectivamente, aun teniendo el requisito de un mínimo de 500 semanas de cotización, que establece la ley de 1973 para este tipo de pensiones, les fue negada la pensión, por tener mucho tiempo dados de baja como asegurados y estar fuera del periodo de conservación de derechos; peor aún, en muchas ocasiones, quien se presentaba a tramitar la pensión era la esposa o concubina de un asegurado fallecido, pretendiendo obtener una pensión de viudez o de viudez y orfandad, la cual lamentablemente les era negada, porque su esposo o concubino, al fallecer tenía muchos años dado de baja del régimen obligatorio del seguro social y por lo consiguiente había fallecido estando fuera del periodo de conservación de derechos que establece el artículo 182 de la ley del seguro social de 1973. Vigilar el periodo de conservación de derechos después de que un trabajador asegurado ha sido dado de baja del régimen obligatorio del Seguro Social, es muy importante, porque ha habido muchos casos de trabajadores que fueron dados de baja, varios años antes de cumplir 60 años de edad y que de acuerdo al total de sus cotizaciones, cumplieron los 60 años estando en conservación de derechos, pero como no tenían conocimiento de la existencia de un periodo de conservación de derechos después de haber causado baja, no se presentaron a solicitar su pensión en tiempo y forma y en muchos de los casos nunca lo hicieron, o lo hicieron años más tarde y lograron obtener una pensión, pero el sistema de pensiones del IMSS, les pagó solo un año retroactivo a partir de que solicitaron su pensión, por la prescripción de las mensualidades de pensión, que se encuentra establecida en el artículo 279 de la ley de 1973. El artículo 280 de la ley de 1973, establece que: **es inextinguible el otorgamiento a una pensión, siempre y cuando el asegurado satisfaga todos los requisitos establecidos en la ley**; con base en lo establecido en este artículo 280, cuando un asegurado ya haya cumplido con los requisitos para recibir una pensión, siempre va a tener derecho a la misma, aunque no la solicite oportunamente, pero con la consecuente prescripción de las mensualidades mayores a un año. Durante el tiempo que fui jefe del departamento de prestaciones económicas y aun después de ese tiempo, me ha tocado tener conocimientos de muchos casos de personas que han tenido derecho a disfrutar de una pensión, aun estando dados de baja como asegurados, en virtud de que el evento, o el siniestro les sucedió estando dentro del periodo de conservación de derechos, casos que son dignos de que los lectores a este libro los conozcan en su esencia, por lo que voy a hacer alusión a tres de ellos, para una mejor compresión de la importancia de tener conocimiento del periodo de conservación de derechos.

El primero de ellos ocurrió durante mis primeros años como jefe del departamento de prestaciones económicas, cuando los familiares de una persona que falleció en un accidente de tránsito, se presentaron en mi oficina, para preguntar si tendrían derecho a alguna prestación, toda vez que su familiar ya tenía varios meses sin trabajar con seguro social; en razón a su petición, se sacaron sus semanas cotizadas en el departamento de afiliación y vigencia de derechos y se determinó que en la fecha en que ocurrió el accidente, la persona fallecida se encontraba dentro del periodo de conservación de derechos que establece la ley, así que esos familiares fueron orientados para que presentaran la documentación correspondiente de la persona fallecida, así como de su esposa y dos hijos menores, a quien se les proporcionó la pensión de viudez y orfandad, haciendo la aclaración que en ese tiempo no existían las Afores, administradoras de fondos para el retiro, las cuales surgieron a partir del 01 de julio de 1997, ya con la nueva ley publicada en el diario oficial de la federación el 21 de diciembre de 1995 y que entró en vigor el 01 de julio de 1997.

El segundo de los casos, es el relativo a una persona que a raíz de un padecimiento que tenía, lo dejaron de contratar en la compañía en que trabajada dedicada a la construcción y sus familiares de escasos recursos, batallaban mucho para su tratamiento médico y compra de medicamentos en forma particular, por lo que en su desesperación y con la orientación debida, acudieron al departamento de salud en el trabajo de su clínica de adscripción, solicitando mediante escrito se le hicieran los estudios correspondientes, para determinar si el paciente tenía un estado de invalidez, así que, con base en esta petición, el departamento de salud en el trabajo, solicitó por escrito al departamento de afiliación y vigencia de derechos, que le informara si la persona que estaba solicitando un estudio de invalidez, estaba dentro del periodo de conservación de derechos, que establece el artículo 182 de la ley de 1973 y al obtener respuesta afirmativa, el departamento de salud en el trabajo solicitó a las diferentes especialidades que tenían relación con el padecimiento que cursaba el paciente, la opinión técnico-médica, que finalmente terminó con la elaboración del dictamen de invalidez aprobado, que dio origen a una pensión de invalidez inicialmente temporal por dos años y posteriormente se le otorgó en forma definitiva.

El tercer caso surgió con motivo de una reunión anual de egresados de la escuela secundaria del año de 1968, al cumplir mi generación cincuenta años de egresados en el mes de diciembre del 2018, nos reunimos por primera vez, once exalumnos pertenecientes a esa generación, los cuales todas y todos concluimos una carrera universitaria y desarrollamos trabajos en distintas empresas, aunque los dos únicos que trabajamos y nos jubilamos en el Seguro Social, somos un médico especialista en medicina interna y un servidor licenciado en administración de empresas, que se jubiló a partir del 16 de diciembre del 2001, siendo titular en una subdelegación del IMSS, en el estado de Veracruz. En esa reunión, un entrañable amigo de la juventud, que es ingeniero químico industrial, que tenía un negocio familiar de maquila de uniformes escolares y deportivos, en una ciudad del estado de Morelos donde antes residía, me hizo el comentario de que a las máquinas de su taller, le daba mantenimiento un señor de casi 80 años de edad, el cual le comentó que a pesar de haber cotizado más de veinte años para el IMSS, nunca logró pensionarse, porque según él en el IMSS le dijeron que no tenía derecho a la pensión y a mi amigo le daba mucha tristeza su caso, pues el señor ya estaba muy grande y su único ingreso lo tenía del poco trabajo que le ofrecían y ni él ni su esposa tenían un servicio médico, que era muy necesario para su edad y condiciones físicas. A raíz de ese comentario, que a mí también me impactó mucho, le dije a mi amigo que le proporcionara al señor mi teléfono celular, para saber de viva voz su caso; unos días después el señor de nombre Vicente, se comunicó conmigo, confirmándome que el IMSS le había negado una pensión, por lo que le pregunté si le habían notificado una resolución de negativa por escrito, a lo que él me respondió que todo había sido verbal, pues el personal de la ventanilla de pensiones, al ver la constancia de semanas cotizadas que él le mostró, le dijo que no tenía derecho a la pensión y para poder pensionarse tenía que cotizar un año como trabajador en el IMSS, lo cual para el señor Vicente le resultaba imposible, porque en aquel tiempo, a su edad de poco más de sesenta años ya no tenía ofertas de trabajo. En razón de lo anterior, yo le pedí al señor Vicente que me enviara una foto por WHATSAPP con ayuda de un familiar de la constancia de semanas cotizadas que por fortuna aún tenía en su poder, percatándome de que su registro como asegurado era de año de 1961, que su fecha de nacimiento es del 21 de enero de 1939, que en su constancia de semanas cotizadas expedida el 13 de enero del 2010, tenía reconocidas 1,255 semanas, con una fecha de su baja del 01 de abril de 1993 y una conservación de derechos, hasta el 06 de abril de 1999, o sea que don Vicente cumplió la edad mínima de 60 para tener derecho a una pensión el día 21 de enero de 1999, tres meses antes de que se le venciera la conservación de derechos, así y que con base a su constancia de semanas cotizadas, lo orienté para fuera nuevamente al Seguro Social acompañado de un familiar, llevando consigo la documentación correspondiente, para solicitar que le formularan la solicitud de pensión por escrito y su caso la resolución le fuera emitida por escrito y no verbal, pues en los casos en que el personal de la ventanilla no tiene conocimiento de la ley, el sistema de pensiones del IMSS, es inteligente, porque está alimentado con toda la normatividad de la ley y por supuesto que dicho sistema si le iba a validar el derecho a recibir su pensión; así pues, don Vicente siguió mis indicaciones, pero tuvo muchas dificultades para que le formularan su solicitud de pensión, porque antes de eso, tuvo llevar su CURP para que se lo registraran en el sistema de afiliación, también tuvo que registrarse en una Afore para cumplir con ese requisito, aunque su saldo se lo dieron en ceros, porque cuando él fue dado de baja como asegurado el 01 de abril de 1993, no existían las Afores, además lo tuve que orientar para que exigiera que la solicitud de pensión se la hicieran por cesantía, en edad avanzada y no por vejez, ya que él cumplió los sesenta años estando en conservación de derechos, así que a él finalmente le recabaron su solicitud de pensión el día 14 de marzo del 2019, cuando ya tenía ochenta años de edad y si la solicitud de pensión se la hubieran formulado por vejez, por tener más de sesenta y cinco años, el sistema le hubiera negado la pensión por estar fuera del periodo de conservación de derechos. Lo impresionante de este caso, es que esta persona empezó a cobrar una pensión veinte años después de la fecha en que legalmente le correspondía, así que el Seguro Social, solo le efectuó un pago retroactivo de un año de una pensión mensual mínima actualizada, a partir de su solicitud por escrito, con base en la prescripción que establece el artículo 279 de la ley de 1973; lo más lamentable de este caso, es que esta persona, así como su esposa dejaron de recibir una atención médica durante veinte años y al empezar a cobrar veinte años después de que adquirió el derecho a la pensión por cesantía en edad avanzada, tomando en cuenta de que le correspondía una pensión mínima al inicio de su derecho, dejó de percibir durante todos esos años más de cuatrocientos mil pesos, por concepto de mensualidades de pensión, todo por la falta de conocimiento de un empleado del IMSS, que no supo interpretar en una constancia de semanas cotizadas, la edad del inicio del derecho y el periodo de conservación de derechos, el cual abarcaba el cumplimiento de la edad de 60 años de don Vicente, es importante aclarar que de los casos reales a los que yo me refiero en este libro, tengo los antecedentes amparados con la documentación oficial expedida por el IMSS, la cual me fue proporcionada por los pensionados y en el caso de don Vicente, tengo una copia de su resolución de pensión de cesantía en edad avanzada, donde está registrada la fecha en que le aceptaron la solicitud de pensión que fue el 14 de marzo del 2019, con inicio del derecho a recibir la pensión el 22 de enero de 1999, cuando él cumplió los 60 años de edad y en dicha resolución le fue otorgada la pensión mínima vigente en el año de 1999 de $ 1,047.85, la cual se le actualizó a $ 3,433.54 de conformidad con el artículo 168 de la ley de 1973, recibiendo a pesar del tiempo transcurrido, un pago retroactivo de un año de solo $ 45,736.00, por la prescripción de sus mensualidades anteriores a un año, que establece el artículo 279 de la ley de 1973.

Los sistemas de afiliación y vigencia de derechos del seguro social miden el periodo de conservación de derechos de acuerdo a las semanas cotizadas por el asegurado, a la fecha de su baja del régimen obligatorio del Seguro Social y establecen una fecha hasta donde el asegurado o sus beneficiarios conservan sus derechos a percibir pensiones por invalidez, vejez, cesantía en edad avanzada o muerte, de conformidad con el artículo 182 de la ley de 1973. A mí siempre me resulta más fácil explicarles a los asegurados y más comprensible para ellos, el periodo de conservación de derechos de acuerdo a los años cotizados en el régimen obligatorio del Seguro Social; así que si un trabajador asegurado cotizó en forma continua en el régimen obligatorio durante 20 años y a los 57 años de edad su patrón lo da de baja, por cualquier motivo, incluyendo el cierre del negocio, como ocurrió con la pandemia del COVID; tomando en cuenta que este trabajador tiene una conservación de derechos por la cuarta parte del tiempo cotizado, lo equivalente a cinco años, de conformidad con el artículo 182 de la ley del seguro social de 1973, este trabajador, aun cuando ya no vuelva a tener otra relación laborar, solo tiene que esperar a que transcurran los tres años que le faltan para cumplir sesenta, para tener derecho a disfrutar de la pensión de cesantía en edad avanzada; sin embargo, tomando este mismo ejemplo del mismo periodo cotizado de veinte años, suponiendo que el trabajador causó baja teniendo cincuenta y dos años de edad, su periodo de conservación de derechos, les vence a los cincuenta y siete años de edad, por lo que si este trabajador no tuvo la previsión de tener una nueva relación laboral, o de adquirir la continuación voluntaria al régimen obligatorio del Seguro Social, contemplada en los artículos 218 al 220 de la ley del Seguro Social vigente, conocida como la modalidad 40, si reúne los requisitos establecidos en la ley, así como registrarse en la modalidad 10 como trabajador independiente, que es una excelente opción, para mantener vigentes sus derechos, al llegar a los sesenta años no tendrá derecho a disfrutar de la pensión correspondiente.

Así como la ley de 1973, establece en su artículo 182, el periodo de conservación de derechos, que tienen los trabajadores asegurados y sus beneficiarios, en los seguros de invalidez, vejez, cesantía en edad avanzada y muerte; el artículo 183 de la misma ley, establece que al asegurado que haya dejado de estar sujeto al régimen del Seguro Social y reingrese a este, se le reconocerá el tiempo cubierto por sus cotizaciones, en la forma siguiente: I si la interrupción en el pago no fuese mayor a tres años, se le reconocerán todas sus cotizaciones al reingresar; II si la interrupción excediera de tres años, pero no de seis, se le reconocerán todas sus cotizaciones anteriores cuando, a partir de su reingreso, haya cubierto un mínimo de veintiséis semanas de nuevas cotizaciones y III si el reingreso ocurre después de seis años de interrupción, las cotizaciones anteriormente cubiertas, se le acreditarán al reunir cincuenta y dos semanas reconocidas en su nuevo aseguramiento.

La ley del Seguro Social de 1997, también contempla un periodo de conservación de derechos, en su artículo 150, pero solo para los seguros de invalidez y vida, ya que esta nueva ley, a diferencia de la ley de 1973, no establece una pérdida de conservación de derechos para los seguros de cesantía en edad avanzada y vejez de los trabajadores asegurados, de tal manera que un trabajador asegurado, que haya reunido las semanas de cotización que establecen los artículos 154 y 162 para tener derecho a las pensiones de cesantía en edad avanzada o vejez, aun cuando le falten muchos años para cumplir los sesenta o sesenta y cinco años respectivamente, ya no existe la pérdida del periodo de conservación de derechos para estos casos, los cuales podrán disfrutar de la pensión correspondiente al cumplimiento de la edad requerida por la ley, aun cuando estos asegurados no hayan vuelto a cotizar en el régimen obligatorio del seguro social.

La ley del seguro social de 1997, también establece en su artículo 151, la forma de recuperar los derechos de los asegurados, en los seguros de invalidez y vida, cuando reingresan al régimen obligatorio del Seguro Social, después de estar dados de baja durante algún tiempo y esta recuperación es exactamente en los mismos términos que establece el artículo 183 de la ley de 1973, en el sentido de que si de la baja al reingreso no han transcurrido más de tres años, se reconocerán todas sus cotizaciones anteriores al momento de su reingreso y si de la baja al reingreso han transcurrido más de tres años, pero no de seis, se le reconocerán todas sus cotizaciones anteriores, cuando a partir de su reingreso haya cubierto un mínimo de veintiséis semanas de nuevas cotizaciones; así como también, si el reingreso ocurre después de seis años de interrupción, las cotizaciones anteriores se le reconocerán, al reunir cincuenta y dos semanas en su nuevo aseguramiento. Es importante mencionar que el periodo de conservación de derechos, varía dependiendo de las semanas que haya cotizado un asegurado antes de su baja como trabajador, de tal manera que un trabajador asegurado que haya cotizado veinte cuatro años en forma continua, conservará sus derechos durante los siguientes seis años, de acuerdo a lo establecido por los artículos 182 y 150 de las leyes de 1973 y 1997 respectivamente, o sea que si este trabajador tiene cuatro años dado de baja, todavía se encuentra en un periodo de conservación de derechos y no es necesario que tenga que reingresar en ese momento para recuperar los derechos, ya que a esa fecha no los ha perdido. Anteriormente más o menos hasta el año 2018, las constancias de semanas cotizadas que emitía el Seguro Social, a través de su departamento de afiliación y vigencia de derechos, no solo describían el número de semanas cotizadas por el asegurado, sino también la fecha de la baja y el periodo de conservación de derechos; sin embargo, en la actualidad, aunque las constancias de semanas cotizadas son mucho más completas que las anteriores, ya que contemplan todo el historial laboral de los trabajadores, con sus diferentes patrones, estas no establecen un periodo de conservación de derechos, cuando en dicha constancia ya existe un registro de baja de su último aseguramiento, por lo que yo le recomiendo a cualquier trabajador, que este dado de baja con su último patrón, que divida el total de sus semanas cotizadas entre cuatro y el resultado lo divida entre las cincuenta y dos semanas que tiene el año, lo cual dará como resultado el número de años y días en que conserva sus derechos y con base en ese resultado, determine una fecha aproximada de hasta dónde llega su conservación de derechos, partiendo desde la fecha en que fue dado de baja por su patrón y si tiene dudas, o se le dificulta hacer este cálculo, pues entonces que vaya a preguntar a una ventanilla del departamento de afiliación y vigencia de derechos de la subdelegación del Seguro Social más cercana, para que ahí le informen hasta qué fecha abarca su conservación de derechos, para que en su caso, tome las medidas necesarias, para estar siempre en conservación de derechos, con el fin de que él o sus beneficiarios legales puedan recibir una pensión, al suceder en el futuro algún evento o siniestro que lo amerite.

El hecho de que los trabajadores asegurados no pierden sus derechos, para obtener las pensiones de cesantía en edad avanzada y vejez, de conformidad con lo establecido por el artículo 150 de la ley del Seguro Social de 1997, ha generado una serie de conflictos, de personas que empezaron a cotizar con la ley de 1973 y que causaron baja en el régimen obligatorio del seguro social, mucho antes de cumplir con la edad mínima de 60 años y al cumplir los 60 años de edad, se presentan a la ventanilla de pensiones de una unidad médica del Seguro Social, a elaborar su solicitud de pensión, llevándose la sorpresa que la pensión que les fue autorizada es bajo el régimen de la ley de 1997, la cual es menor que la que les hubiera correspondido por la ley de 1973, si hubieran tenido el cuidado de mantener vigente su periodo de conservación de derechos; está de sobra decir que este hecho ha causado una gran molestia a quienes han sufrido esta situación, porque la pensión que les fue otorgada por la ley de 1997, es mucho menor que la que les hubiera correspondido por la de la ley de 1973, aun tratándose de pensiones mínimas garantizadas entre ambas leyes, además de esta situación, las pensiones garantizadas de la ley de 1997, no tienen derecho a un aguinaldo anual y los recursos de la cuenta individual de la Afore que se recuperan al pensionarse por la ley de 1973, son mayores a los de la ley de 1997 y en muchos de los casos el pensionado no recibe nada de estos recursos al otorgarle la pensión por la ley de 1997, aunado a todas estas desventajas la pensión garantizada que otorga la ley de 1997, se suspende cuando el pensionado reingresa a un trabajo sujeto al régimen obligatorio, como lo establece el artículo 173 de la ley de 1997; lo que no sucede con las personas que se pensionan por, cesantía o vejez bajo el régimen de la ley de 1973, quienes pueden seguir disfrutando de su pensión, siempre reingresen al régimen obligatorio del Seguro Social, en los términos establecidos por el artículo 123 de esa misma ley.

En mi opinión muy personal, las personas que atienden en las ventanillas de pensiones, deben de estar capacitados para atender a la población derechohabiente, de tal manera que en casos como el anteriormente mencionado, antes de dar trámite a una solicitud de pensión, deben de advertirle a la persona, que como tiene muchos años dado de baja como asegurado, no tiene derecho a la pensión conforme a la ley de 1973, por estar fuera de periodo de conservación de derechos y explicarle la forma de recuperar esos derechos y que la ley de 1997 si le otorga el derecho, con las desventajas anteriormente descritas con anterioridad y entonces que sea decisión del solicitante, cancelar el trámite y tratar de recuperar los derechos en un futuro cercano con nuevas cotizaciones, o de plano aceptar la pensión de cesantía en edad avanzada o vejez por la ley de 1997 según el caso, consciente de que por su edad, condicionas físicas y falta de ofertas de trabajo, ya no tiene opción de reingresar a trabajar para recuperar sus derechos conforme a la ley de 1973.

Pensiones por cesantía en edad avanzada

Las pensiones por cesantía en edad avanzada, son las que más se generan, porque tienen como requisito, una edad mínima de sesenta años y lo más común y frecuente, es que los trabajadores asegurados aspiran a llegar a cumplir esa edad, para ejercer su derecho a disfrutar de la misma y de los recursos de su cuenta individual depositados en su Afore; la ley del seguro social de 1973 en su artículo 145, además del requisito de edad de sesenta años cumplidos, también tiene como requisito que el asegurado tenga reconocidas un mínimo de quinientas semanas de cotización y estar privado de trabajo remunerado, o sea que ya haya sido dado de baja por su patrón. Es importante saber que no necesariamente un trabajador asegurado al cumplir los sesenta años de edad, forzosamente se tiene que pensionar, pues aunque existe una edad mínima para pensionarse que son sesenta años, no existe una edad máxima, o sea que el Seguro Social no va a obligar a tramitar a un trabajador su pensión, solo por rebasar la edad mínima, así que hay muchos trabajadores que después de cumplir sus sesenta años, siguen laborando porque sus contratos con la empresa en que trabajan, tienen una duración posterior al cumplimiento de su edad, o porque dichos trabajadores están bien informados de lo que es una pensión y de acuerdo a las categorías que tienen y salarios devengados, saben que a mayor tiempo laborado, van a recibir más recursos de su cuenta individual de la Afore y una pensión mensual más alta, por mejores salarios promedios, por más semanas de cotización reconocidas y por mayor edad, lo que les da un mayor porcentaje de la pensión, que puede llegar al 100 %, de la cuantía que les hubiera correspondido en caso de pensión por vejez, cuando su baja como asegurado es posterior a los 64 años y más de seis meses, sin necesariamente cumplir los 65 años de edad; también es muy frecuente que muchos trabajadores llegan a cumplir los sesenta años de edad, pero no tienen las 500 semanas que se requieren como mínimo para pensionarse y tienen que seguir trabajando hasta completarlas, aunque por este motivo, rebasen con mucho los 60 años, esto es muy frecuente en trabajadores que se dedican a hacer pequeños trabajos de construcción, en casas habitación donde regularmente no cotizan para el Seguro Social.

En una pensión por cesantía en edad avanzada bajo el régimen de la ley de 1973, intervienen varios factores que diferencian a unas pensiones de otras, como son la edad de las personas, el número de semanas cotizadas, el salario promedio de las últimas doscientas cincuenta semanas de cotización, el UMA vigente a partir del año 2016 y las asignaciones familiares, o sea el número de beneficiarios con derecho, que el pensionado incluya en su pensión, tales como esposa, o concubina, hijos menores de 16 años, o mayores de 16, pero menores de 25 años que aún estén estudiando la secundaria, preparatoria o universidad; también a falta de esposa o concubina e hijos con derecho, podrán ser incluidos los padres o ascendientes que convivan y dependan económicamente del pensionado; así pues, al comparar las pensiones de dos personas que pueden tener la misma edad, las mismas semanas de cotización y hasta el mismo salario promedio, puede tener una de ellas una pensión mensual más alta que la otra, porque no obstante que ambas coinciden en la edad, semanas de cotización y salarios, uno de ellos, es un asegurado que únicamente incluyó a su esposa como beneficiaria en su pensión y el otro asegurado, además de su beneficiaria esposa, incluyó en su pensión a dos hijos mayores de 16 años que aún están estudiando una carrera universitaria, lo que le dio un incremento del 35 % adicional a la cuantía básica de su pensión, a diferencia del otro asegurado que únicamente incluyó a su esposa, lo que le dio únicamente un 15 % adicional a la cuantía básica de su pensión mensual. Así pues, la diferencia en el importe de la pensión mensual, entre unos y otros pensionados, se debe a edades, salarios, semanas cotizadas y asignaciones familiares diferentes. También en importante señalar que, si un pensionado incluye solo a su esposa como su única beneficiaria, recibe por ese motivo un 15 % adicional a la cuantía básica de su pensión por asignaciones familiares, pero si no tiene una esposa, concubina, hijos, ni ascendientes que dependan económicamente de él, recibirá un 15 % adicional a la cuantía básica de su pensión como ayuda asistencial conforme a la fracción IV del artículo 164 de la ley del Seguro Social de 1973. De igual manera, la pensión mensual de una persona va a ser distinta a la de otra, si coinciden en la edad, semanas de cotización, asignaciones familiares, pero no en el salario promedio de sus últimas 250 semanas de cotización, o coincidan en todo lo demás, pero no en el número de semanas que tenga reconocidas cada uno de ellos.

Con respecto a los incrementos a la cuantía básica de la pensión, los cuales son muy importantes, ya que el procedimiento de cálculo para las pensiones de cesantía en edad avanzada, al igual que las de vejez, que establece el artículo 167 reformado de la ley de 1973, premia con una mayor pensión a quienes tienen un mayor número de semanas cotizadas, es por eso que voy a incluir en este capítulo una tabla de incrementos a la pensión que, yo mismo diseñé, basado en una más simple y sencilla que utilizábamos en el departamento de prestaciones económicas, para calcular las pensiones de manera manual.

Tabla 15. TABLA PARA DETERMINAR LOS INCREMENTOS ANUALES
A LA CUANTÍA BÁSICA EN LOS SEGUROS DE I.V.C.M.
ARTÍCULO 167 REFORMADO DE LA LEY DEL SEGURO SOCIAL DE 1973

SEMANAS DE	A	INCRE-MENTOS ANUALES	SEMANAS DE	A	INCRE-MENTOS ANUALES	SEMANAS DE	A	INCREMEN-TOS ANUALES
500	512	---	1009	1136	12	1723	1760	24
513	526	0.5	1137	1150	12.5	1761	1774	24.5
527	564	1	1151	1188	13	1775	1812	25
565	578	1.5	1189	1202	13.5	1813	1826	25.5
579	616	2	1203	1240	14	1827	1864	26
617	630	2.5	1241	1254	14.5	1865	1878	26.5
631	668	3	1255	1292	15	1879	1916	27
669	682	3.5	1293	1306	15.5	1917	1930	27.5
683	720	4	1307	1344	16	1931	1968	28
721	734	4.5	1345	1358	16.5	1969	1982	28.5
735	772	5	1359	1396	17	1983	1920	29
773	786	5.5	1397	1410	17.5	2021	2034	29.5
787	824	6	1411	1448	18	2035	2072	30
825	838	6.5	1449	1462	18.5	2073	2086	30.5
839	876	7	1463	1500	19	2087	2124	31
877	890	7.5	1501	1514	19.5	1125	2138	31.5
891	928	8	1515	1552	20	2139	2176	32
929	942	8.5	1553	1566	20.5	2177	2190	32.5
943	980	9	1567	1604	21	2191	2228	33
981	994	9.5	1605	1618	21.5	2229	2242	33.5
995	1032	10	1619	1656	22	2243	2280	34
1033	1046	10.5	1657	1670	22.5	2281	2294	34.5
1047	1084	11	1671	1708	23	2295	2320	35
1085	1098	11.5	1709	1722	23.5			

Esta tabla es muy útil para calcular los incrementos anuales a la pensión, ya que por cada 52 semanas que rebasen las quinientas de base, para tener derecho a la misma, el pensionado obtiene un incremento anual a la pensión; también es muy importante mencionar que, tratándose de fracciones del año, con trece a veintiséis semanas reconocidas se tiene derecho al 50 % del incremento anual y con más de veintiséis semanas reconocidas, se tiene derecho al 100 % del incremento anual.

Debido a lo anterior, si al hacer el cálculo de una pensión vemos que el asegurado tiene 820 semanas cotizadas. le corresponderían 6 incrementos anuales a la pensión, así mismo si el asegurado tiene 1,350 semanas de cotización, le corresponderían 16.5 incrementos anuales y en caso de tener 1,800 semanas, le corresponderían 25 incrementos anuales a la pensión, por lo tanto, con estos ejemplos y apoyados con esta tabla de incrementos anuales a la pensión, es muy fácil hacer el cálculo respectivo, cualquiera que sea la cantidad de semanas cotizadas que tenga el asegurado.

Con respecto al salario promedio de las últimas doscientas cincuenta semanas de cotización, lo que es equivalente a 1,750 días, que es el resultado de multiplicar 250 por 7 días que tiene una semana, es muy fácil calcular este salario promedio, mediante un programa de Excel, sobre todo cuando un trabajador tiene modificaciones a su salario cada año, como en el ejemplo siguiente:

Tabla 16. CÁLCULO DE SALARIO PROMEDIO
BASADO EN LAS ÚLTIMAS 250 SEMANAS DE COTIZACIÓN, IGUAL A 1750 DÍAS
ARTÍCULO 167 REFORMADO LEY DEL SEGURO SOCIAL 1973

PERIODO			SALARIO	DIAS	IMPORTE
01/02/2022	AL	16/11/2022	$ 790.50	289	$ 228,454.50
01/02/2021		31/01/2022	$ 680.13	365	$ 248,247.45
01/02/2020		31/01/2021	$ 624.37	366	$ 228,519.42
01/02/2019		31/01/2020	$ 595.62	365	$ 217,401.30
01/02/2018		31/01/2019	$ 557.88	365	$ 203,626.20

	1750	$ 1,126,248.87

SALARIO PROMEDIO	$ 643.57

Si todos los casos fueran así, sería muy fácil calcular el salario promedio de cualquier trabajador, pero eso solo sucede con empresas, que por contrato colectivo le modifican cada año el salario a sus trabajadores, o en negocios que siempre tienen registrados a sus trabajadores con el salario mínimo, el cual cambia cada año, sin embargo, hay muchos casos de trabajadores que cada mes tienen modificaciones a su salario, porque tienen un sueldo base en las empresas donde laboran y perciben adicionalmente a este salario, comisiones por ventas u otros conceptos, que son variables cada mes y entonces calcular el salario promedio de estos trabajadores, se vuelve una tarea casi imposible, porque lo que en el ejemplo anterior se reduce a cinco renglones, en casos donde el salario cambia constantemente, la cantidad de renglones a llenar es muy superior y resulta muy laborioso calcular el salario promedio; las áreas de afiliación y vigencia de derechos del Seguro Social tienen implementado el programa en su sistema, que les permite determinar el salario promedio de cualquier asegurado, aunque este resulte muy variable, el cual es muy exacto y confiable.

Con respecto a la edad de los asegurados a partir de los sesenta años, el artículo 171 de la ley del Seguro Social de 1973, establece el porcentaje que le corresponde al pensionado por cesantía en edad avanzada, partiendo de la edad mínima de los sesenta años, con un porcentaje del 75 % hasta un 95 % al estarse pensionando a los sesenta y cuatro años; el mismo artículo 171 establece que se aumentara un año a los cumplidos, cuando la edad exceda los seis meses, o sea que si una persona rebasa con más de seis meses los sesenta años, ya le correspondería el 80 % de la cuantía de pensión de vejez y así sucesivamente hasta llegar activo hasta los sesenta y cuatro años y rebasar con más seis meses esa edad, ya le darían el 100 % de la cuantía de la pensión por vejez, razón por lo que muchas personas con salarios altos y muchas de cotización, utilizan este beneficio de rebasar los seis meses de su edad a partir de los sesenta años, como una estrategia para obtener una pensión mensual más alta.

Tabla 17. Tabla de porcentajes para las pensiones de cesantía en edad avanzada
Artículo 171 de la ley de seguro social de 1973

AÑOS CUMPLIDOS	% DE LA CUANTÍA DE VEJEZ
60	75 %
61	80 %
62	85 %
63	90 %
64	95 %

Es muy importante comprender bien el funcionamiento de esta tabla, porque muchos asegurados tienen dudas acerca del porcentaje de la pensión de cesantía en edad avanzada, con respecto a la pensión de vejez que se obtiene a partir de los 65 años cumplidos y estando vigente como trabajador asegurado; para entender mejor lo relativo a esta tabla de porcentajes de acuerdo a la edad, es muy importante saber cuándo inicia el derecho a disfrutar de una pensión por cesantía en edad avanzada; pues bien, volviendo a lo que vimos en el capítulo relativo a la conservación de derechos, si un trabajador asegurado causa baja como asegurado antes de cumplir los sesenta años de edad, pero tiene las semanas suficientes para llegar a los sesenta años en periodo de conservación de derechos, su derecho a disfrutar de la pensión de cesantía en edad avanzada, comenzará al cumplir esa edad y en caso de que la persona por diferentes motivos no ejerza su derecho en el momento en que cumplió la edad, siempre va a tener derecho a disfrutar de la pensión, ya que el artículo 280 de la ley del Seguro Social de 1973, establece que: es inextinguible el derecho al otorgamiento de una pensión, cuando se satisfagan todos y cada uno de los requisitos establecidos en la ley; por lo tanto, si la persona interesada solicita la pensión por cesantía en edad avanzada 8 o 9 meses por cualquier motivo, después de haber cumplido la edad, tendrá derecho a cobrar su pensión con pago retroactivo desde que inició su derecho, es decir, desde la fecha en que cumplió los sesenta años, pero si por desconocimiento de la ley o cualquier otro motivo deja pasar más de un año, a partir del cumplimiento de la edad, solo tendrá derecho a cobrar un año retroactivo, de conformidad con lo establecido por el artículo 279 de la ley del Seguro Social de 1973, que establece que: el derecho de los asegurados o sus beneficiarios a cobrar cualquier mensualidad de una pensión, prescribe en un año; por lo tanto, si un extrabajador asegurado por cualquier motivo, solicita su pensión tres años después de cumplir los sesenta años, sin haber vuelto a cotizar como asegurado y estando en conservación de derechos a los sesenta años de edad, tendrá derecho a la misma, actualizada conforme a los incrementos anuales del índice nacional de precios al consumidor, pero solo recibirá el pago de un año retroactivo, a partir de su solicitud de pensión, por la prescripción de su derecho de conformidad con el artículo 279 de la ley.

A mí me ha tocado tener conocimiento de casos de personas que han cumplido la edad de sesenta años, estando en periodo de conservación de derechos, para disfrutar de la pensión de cesantía en edad avanzada, pero por desconocimiento de la ley no ejercieron su derecho oportunamente y al ir a solicitar su pensión años después de cumplir los sesenta y cinco años, se las han negado la pensión por desconocimiento del personal de la ventanilla de pensiones, porque en lugar de recabarle la solicitud de pensión por cesantía en edad avanzada, que es cuando se originó su derecho, tomando como referencia la fecha en que el trabajador fue dado de baja como asegurado y la edad que tenía en ese momento, le han formulado la solicitud de pensión por vejez por tener más de sesenta y cinco años, teniendo como resultado la negativa de la pensión, porque para la pensión de vejez, no le alcanza el periodo de conservación de derechos. Por supuesto, no dudo que, en nuestro ámbito nacional, haya muchos casos de este tipo, con las mismas consecuencias para quienes solicitaron la pensión en esas condiciones.

Otro de los motivos de duda de las personas que tramitaron su pensión oportunamente, al cumplir los sesenta años de edad, es que creen que la pensión les va a ir aumentando en su percepción mensual, con el cumplimiento de más años, o sea que al cumplir los sesenta y un años, piensan que su pensión mensual va a aumentar al 80 % y así sucesivamente por cada año que transcurra, hasta el 100 % al cumplir los sesenta y cinco años; la realidad no es así, porque esos porcentajes de incremento a la pensión de cesantía en edad avanzada con relación a la pensión por vejez, se obtienen cuando el trabajador asegurado no ejerce su derecho al cumplir los sesenta años y sigue laborando con posterioridad a esa edad, por lo que al rebasar esa edad, ya le resultan aplicables los porcentajes por edad considerados en el artículo 171 de la ley; así pues, quienes se pensionan a la edad de sesenta años, o después de esa edad, los únicos incrementos que van a tener a su pensión mensual, son los que se otorgan a los pensionados a partir del 01 de febrero de cada año, conforme al índice nacional de precios al consumidor INPC, de conformidad con el artículo décimo primero transitorio de las reformas a la ley del Seguro Social, publicadas en el diario oficial de la federación el 20 de diciembre del 2001.

Pues bien, con todo lo explicado con anterioridad, vamos a desarrollar un ejemplo de pensión de cesantía en edad avanzada, suponiendo que el interesado tiene sesenta años cumplidos, un salario promedio de las últimas doscientas cincuenta semanas de cotización de $ 643.57, conforme al ejemplo del cálculo del salario promedio realizado con anterioridad y que tiene un total de 1,600 semanas reconocidas a la fecha de su baja como asegurado, lo que le da el derecho a 21 incrementos anuales a la cuantía básica de su pensión, que la edad la cumplió el 01 de septiembre del 2022, cuando el UMA vigente era $ 96.22 y que solo tiene a su esposa como única beneficiaria con derecho al 15 % de asignaciones familiares, obteniendo $ 12,078.48 como pensión mensual.

Tabla 18. DATOS BÁSICOS PARA EL CÁLCULO DE PENSIÓN

Salario Promedio	UMA	Factor	Cuantía Básica	% de incremento	Semanas Cotizadas	N° de incrementos
$ 643.57	$ 96.22	6.69	13.00%	2.450%	1600	21

FÓRMULA DE CÁLCULO
(ART. 167 REFORMADO DE LA LEY DE 1973)

	Más 11%	Total Anual
$ 643.57 x 365 x 13.00%	$ 30,537.40	$ 3,359.11	$ 33,896.51
$ 643.57 x 365 x 2.450% x 21	$ 120,857.62	$ 13,294.34	$ 134,151.96
Cuantía Anual de Pensión de Vejez		$ 168,048.47
Cuantía Anual de Cesantía 60 años 75%		$ 126,036.35
Asignaciones Familiares 15%		$ 18,905.45
Pensión Anual de Vejez con Asignaciones Familiares		$ 144,941.80
Pensión Mensual de Vejez		$ 12,078.48

Con este mismo ejemplo realizado con anterioridad, vamos a suponer que otro asegurado, tiene las mismas condiciones de salario promedio, semanas cotizadas y también a su esposa como única beneficiaria con derecho a asignación familiar y que al igual que el otro caso, se pensionó en el año 2022, cuando el UMA vigente era de $ 96.22, pero este segundo caso a la fecha de su baja como asegurado tenía sesenta y tres años cumplidos.

Tabla 19. DATOS BÁSICOS PARA EL CÁLCULO DE PENSIÓN

Salario Promedio	UMA	Factor	Cuantía Básica	% de incremento	Semanas Cotizadas	N° de incrementos
$ 643.57	$ 96.22	6.69	13.00%	2.450%	1600	21

FÓRMULA DE CÁLCULO
(ART. 167 REFORMADO DE LA LEY DE 1973)

	Más 11%	Total Anual
$ 643.57 x 365 x 13.00%	$ 30,537.40	$ 3,359.11	$ 33,896.51
$ 643.57 x 365 x 2.450% x 21	$ 120,857.62	$ 13,294.34	$ 134,151.96
Cuantía Anual de Pensión de Vejez		$ 168,048.47
Cuantía Anual de Cesantía 63 años 90%		$ 151,243.62
Asignaciones Familiares 15%		$ 22,686.54
Pensión Anual de Vejez con Asignaciones Familiares		$ 173,930.16
Pensión Mensual de Vejez		$ 14,494.18

Como se puede observar con los ejemplos anteriores, aunque su situación como asegurados es igual con respecto a su salario promedio, semanas cotizadas, año en que tramitaron la pensión, su esposa como única beneficiaria con derecho; la edad de ambos, fue la que hizo la diferencia entre uno y otro caso, ya que el que tenía sesenta años recibió una pensión mensual $ 12,078.48, porque su pensión mensual es el equivalente al 75 % de lo que le hubiera correspondido en caso de vejez y el que tenía sesenta y tres años de edad, recibió una pensión mensual de $ 14,494.18, que es el equivalente al 90 % de la pensión de vejez.

A mí en lo personal, lo que me gusta del procedimiento de cálculo, establecido en el artículo 167 de la ley de 1973, para las pensiones de cesantía en edad avanzada y de vejez, es que lo considero muy justo, porque premia con una mayor pensión mensual, a los asegurados que tienen salarios más altos, con lo que han contribuido a un mayor financiamiento de los seguros de riesgo de trabajo, enfermedades y maternidad, así como de invalidez y vida, retiro, cesantía en edad avanzada y vejez y de guarderías y prestaciones sociales, aunque muchos de ellos durante su vida laboral, hayan demandado muy poco o casi nada, los servicios médicos y mucho menos el seguro de guarderías, que por ley tuvieron que pagar siempre, por ser parte de los seguros del régimen obligatorio, considerado en el artículo 11 de la ley; así mismo también va a tener una mayor pensión, quien tenga un mayor número de semanas cotizadas, más edad a la fecha de inicio de su pensión y más asignaciones familiares.

Pues bien para ser más comprensible e ilustrativo este comentario, ahora vamos a hacer el cálculo de la pensión, en las mismas condiciones del ejemplo anterior, en cuanto a las 1,600 semanas cotizadas, edad de sesenta y tres años, mismo año de trámite de la pensión, su esposa como única beneficiaria, pero que su salario promedio de las últimas doscientas cincuenta semanas de cotización es $ 180.50, lo que es muy común en nuestro ámbito nacional, ya que la gran mayoría de los trabajadores en nuestro país, normalmente han venido cotizando con el salario mínimo (Tabla 20).

Aquí lo que se puede observar, es que por la diferencia de salario promedio, aritméticamente le resulta una pensión mensual solo de $ 4,830.54, que es menor a la pensión mínima, por lo que en este caso la ley de 1973, en su artículo 168, establece que: **la pensión de invalidez, vejez o cesantía en edad avanzada, incluyendo las asignaciones familiares o ayudas asistenciales que en su caso correspondan, no podrá ser inferior al 100 % del salario mínimo general que rija**

para el distrito federal; así que en razón de este artículo, esta pensión que resultó aritméticamente menos a la pensión mínima, se igualará a la pensión mínima de $ 5.836.52, que entró en vigor a partir del 01 de enero del 2022, con vigencia hasta el 31 de diciembre del 2022.

Tabla 20. DATOS BÁSICOS PARA EL CÁLCULO DE PENSIÓN

Salario Promedio	UMA	Factor	Cuantía Básica	% de incremento	Semanas Cotizadas	N° de incrementos
$ 180.50	$ 96.22	1.88	42.67%	1.615%	1600	21

FÓRMULA DE CÁLCULO
(ART. 167 REFORMADO DE LA LEY DE 1973)

	Más 11%	Total Anual
$ 180.50 x 365 x 42.67%	$ 28,112.06 $ 3,092.33	$ 31,204.39
$ 180.50 x 365 x 1.615% x 21	$ 22,344.05 $ 2,457.85	$ 24,801.90
Cuantía Anual de Pensión de Vejez		$ 56,006.29
Cuantía Anual de Cesantía 63 años 90%		$ 50,405.66
Asignaciones Familiares 15%		$ 7,560.85
Pensión Anual de Cesantía con Asignaciones Familiares		$ 57,966.50
Pensión Mensual de Cesantía		$ 4,830.54
Pensión ajustada por aplicación del artículo 168 ley de 1973		$ 5,836.52

Siempre que nos demos a la tarea de calcular una pensión de cesantía en edad avanzada, bajo el régimen de la ley de 1973, nos vamos a basar en el procedimiento de cálculo del artículo 167 de esta ley, por lo que debemos tener en cuenta los datos básicos para calcular la pensión, como son el UMA vigente a la fecha de inicio de la pensión, el salario promedio de las últimas doscientas cincuenta semanas de cotización, las semanas cotizadas que tiene el asegurado a la fecha de su baja, los incrementos a la cuantía básica, por el número de semanas que rebasan las quinientas de base, la edad del asegurado a la fecha de inicio del derecho y las asignaciones familiares, que se incrementan a la cuantía básica de la pensión, con el porcentaje correspondiente a la esposa, hijos y falta de estos, los ascendientes del pensionado, previo cumplimiento de requisitos legales.

Una vez que contamos con los datos básicos para calcular la pensión, en este caso la de cesantía en edad avanzada, lo primero que debemos de hacer, es dividir el salario promedio de las últimas doscientas cincuenta semanas de cotización, entre el UMA vigente, para obtener el factor, como en el caso anterior, en que dividimos el UMA de $ 96.22, entre el salario de $ 180.50, resultando un factor de 1.88, el cual lo ubicamos tabla de cuantificación de pensiones del artículo 167 reformado de la ley de 1973, dando como resultado que la pensión se va a calcular, con una cuantía básica del 42.67 % y un 1.615 %, por cada incremento de acuerdo a las semanas cotizadas, que en el caso anterior fueron 21 incrementos; una vez que contamos con todos estos elementos, se procede a desarrollar la fórmula de cálculo de la pensión, multiplicando el salario promedio por los 365 días de año y por 42.67 %, agregando un 11 % adicional, para obtener como resultado la cantidad de $ 31,204.39, enseguida procedemos a multiplicar el salario promedio de $ 180.50, por los 365 días del año y por el 1.615 % de incremento, agregando un 11 % adicional, para obtener como resultado $ 24,801.90, cantidad que sumada a los $ 31.204.39, nos resulta una cuantía anual de la pensión de vejez de $ 56,006.29, a la que al aplicar el porcentaje del 90 % por la edad del pensionado, se obtiene una pensión anual de cesantía de $ 50,405.66 y al agregarle el 15 % por asignaciones familiares de $ 7,560.85, resulta una pensión anual con asignaciones familiares de $ 57,966.50, cantidad que dividida entre los 12 meses del año, arroja una pensión mensual de $ 4,830.54, la cual es igualada a la pensión mínima de $ 5,836.52 conforme a lo establecido en el artículo 168 de la ley de 1973. Es muy importante aclarar que en la ley original publicada en el diario oficial de la federación el 12 de marzo de 1973, no existía el incentivo de incrementar con un 11 % adicional a la cuantía mensual de las pensiones de cesantía y vejez, así que cuando se reformó el artículo 167 de la ley de 1973, reforma que entró en vigor a partir de 01 de enero de 1991, tampoco existía ese incentivo, por lo que este incremento se autorizó a partir del decreto publicado en el diario oficial de la federación del 15 de enero del 2004, con retroactividad al primero de marzo del 2003.

En múltiples ocasiones, algunas personas me han preguntado: ¿qué se necesita para tener una pensión con una mensualidad alta? Mi respuesta es que, para tener una pensión mensual alta, se requiere principalmente de tener muchas semanas de cotización y salarios altos, muy superiores al salario mínimo y cuando además de estos requisitos, se tiene una mayor edad después de los sesenta y un mayor porcentaje por concepto de asignaciones familiares, la pensión mensual sube aún más, pero cuando un asegurado ha cotizado toda su vida laboral con puro salario mínimo, su pensión mensual siempre va a resultar aritméticamente menor a la pensión mínima, aunque tenga muchas semanas de cotización, las cuales no le benefician en nada con un salario mínimo, por lo que siempre se le va a dar el beneficio de igualar su pensión a la pensión mínima de conformidad con lo establecido en el artículo 168 de la vez de 1973, actualizada siempre a la fecha de inicio del derecho a percibir la pensión. En el lugar donde yo vivo hay muchas trabajadoras y trabajadores que se han pasado toda su vida trabajando en una zapatería, farmacia o papelería del mercado del centro de la ciudad y esas personas por lo regular siempre han cotizado con el salario mínimo y en muchos de los casos, esas personas han trabajado con el mismo patrón por más de treinta años, así que su triste realidad, es que al pensionarse van a recibir una pensión mínima; por supuesto no dudo para nada que en esa misma situación están las trabajadoras y trabajadores de muchas otras ciudades del país, así que lo más conveniente para ellas y ellos, es que al llegar a la edad de sesenta años de edad, tramiten su pensión por cesantía en edad avanzada y reciban una pensión mínima, más los recursos de su cuenta individual de la Afore y ya estando pensionados, puedan realizar alguna otra actividad en forma independiente, donde obtengan ingresos adicionales a su pensión mensual que mejoren su economía familiar, e inclusive pueden trabajar con otro patrón sujeto al régimen obligatorio del Seguro Social, de conformidad con el artículo 123 de la ley del Seguro Social, siempre y cuando se trate de un patrón distinto al que tenían antes de pensionarse y que hayan transcurrido más de seis meses después de haber iniciado su pensión mensual.

Las pensiones por cesantía en edad avanzada de quienes iniciaron como asegurados, a partir de 01 de julio de 1997, ya bajo el régimen de la ley de 1997, son totalmente distintas a las otorgadas conforme a la ley de 1973, pues son mucho menores en su cuantía mensual que estas últimas, además de que todos los recursos de la cuenta individual de la Afore, se van a financiar la pensión, a diferencia de las pensiones otorgadas por la ley de 1973, con las cuales los asegurados, además de su pensión mensual, reciben los recursos de su cuenta individual correspondientes al SAR 92,97 y VIVIENDA 92,97 con excepción de los de la subcuenta de cesantía, vejez y cuota social, que recupera el gobierno federal, para el financiamiento de la pensión.

A continuación voy a mencionar un caso de pensión, otorgada ya bajo el régimen de la ley de 1997, del que tuve conocimiento, el cual se originó en el año del 2021 y que se trata de un asegurado nacido el 06 de julio de 1961, el cual para su mala fortuna, fue registrado por primera vez como asegurado a la edad de 39 años, a partir del primero de abril del año 2000, habiendo cotizado continuamente hasta el 15 de octubre del 2020, fecha en que acumuló 1,062 semanas de cotización y un salario promedio de $ 117.97, según el sistema del IMSS, pues bien, a este asegurado se le otorgó una pensión mensual de $ 3,671.11, al cumplimiento de sus 60 años en el año 2021, a cambio de los recursos de su cuenta individual de Afore de $ 178,847.89; la pensión mensual que se le otorgó, se basó en la pensión mínima garantizada que está considerada en el artículo 170 de la ley del seguro social de 1997, la cual se actualizará anualmente a partir del 01 de febrero, conforme al índice nacional de precios al consumidor INPC.

El problema principal de este caso, es que la pensión garantizada que se le otorgó a este asegurado a partir de año 2021, bajo el régimen de la ley de 1997, con un importe mensual de $ 3,671.11, es menor a la que le hubiera correspondido a un asegurado bajo el régimen de la ley de 1973, que es de un importe mensual $ 4,784.14, aun teniendo las mismas condiciones, con respecto a la edad, salario promedio y aun teniendo un mínimo de 500 semanas de cotización, además de que las pensiones mínimas garantizadas bajo el régimen de la ley de 1997, no tienen derecho a aguinaldo y se suspende su pago, si el pensionado entra a laborar sujeto a aseguramiento, lo que no sucede con los pensionados por la ley de 1973, que si tienen el beneficio de percibir un aguinaldo anual y pueden trabajar sin que se les suspenda la pensión, de conformidad con lo establecido con el artículo 123 de dicha ley, acumulando más recursos en su cuenta individual de Afore, los cuales pueden solicitar, al término de su relación laboral, con la misma resolución de pensión que inicialmente les fue otorgada.

Otro caso de pensión de cesantía en edad avanzada bajo el régimen de la ley de 1997, es el de una asegurada que nació el 18 de diciembre de 1956 y que también para su mala fortuna, fue registrada por primera vez como asegurada en el año 2000, habiendo causado baja en el régimen obligatorio del Seguro Social el 15 de diciembre del 2021, tres días antes de cumplir los 65 años de edad, por lo que su pensión todavía quedó clasificada como de cesantía en edad avanzada, habiendo acumulado un total de 1,042 de semanas de cotización y teniendo un salario promedio de $ 137.13, pero extrañamente la pensión que le fue otorgada se basó en la pensión mínima garantizada a partir del año 2022, con un importe mensual de $ 4,148.39; aun así, esta pensión mensual es menor a la pensión mínima que le hubiera correspondido a un asegurado bajo el régimen de la ley de 1973, en las mismas condiciones de edad, salario promedio y semanas de cotización, la cual en el año 2022 era de $ 5,836.52, haciendo la aclaración como el caso anterior, que esta pensión otorgada bajo el régimen de la ley de 1997, no tiene derecho a aguinaldo anual y se suspende su pago, si la pensionada entra a trabajar sujeta a régimen ordinario, lo que no sucede con los pensionados bajo el régimen de la ley de 1973, si reingresan a trabajar de conformidad con lo establecido por el artículo 123 de dicha ley.

Un tercer caso es el de un asegurado que empezó a cotizar por primera vez como asegurado, en el año de 1998, cuando tenía 41 años, ya estando en vigor la ley de 1997; este asegurado se registró en la continuación voluntaria al régimen obligatorio del Seguro Social, con el salario tope, los últimos tres años de su aseguramiento, buscando tener una pensión más alta, ignorando por completo que las pensiones de cesantía en edad avanzada bajo el régimen de la ley de 1997, son muy distintas e inferiores a las de la ley de 1973, así que para su sorpresa, la pensión mensual que alcanzó en el mes de abril del 2022, fue de un importe de $ 9,126.23, habiéndose destinado todos los recursos de su cuenta individual de la Afore por un total de más 493 mil pesos para el financiamiento de su pensión, embargo si su pensión hubiera sido otorgada bajo el régimen de la ley de 1973, tomando en cuenta las 1,182 semanas cotizadas que tenía a la fecha de su baja y un salario promedio de sus últimas doscientas cincuenta semanas de cotización de $ 1,276.79, además de su esposa como su única beneficiaria, la pensión mensual que hubiera alcanzado sería de $ 21,122.14, además de haber recuperado de su cuenta individual de Afore más de doscientos mil pesos, por concepto de retiro y vivienda

97, habiendo quedado únicamente para el financiamiento de la pensión de cesantía, $ 241,000.00 correspondientes a las subcuentas de cesantía, vejez y cuota social.

Pensiones por muerte de un asegurado y de un pensionado

Tanto la ley del seguro social de 1973, como la ley de 1997, tienen como requisito, que para que los beneficiarios legales, de un asegurado que fallezca por causa distinta a un riesgo de trabajo, tengan derecho a percibir la pensión de viudez, orfandad, o ascendientes en algunos casos, el asegurado debió de haber cotizado un mínimo de ciento cincuenta semanas, a la fecha de su fallecimiento, conforme a lo establecido por los artículos 150 y 128 fracción I, respectivamente y estar dentro del periodo de conservación de derechos como lo establecen, según el caso, los artículos 182 y 150 de las leyes de 1973 y 1997.

En estos casos en que el asegurado fallece por causa distinta a un riesgo de trabajo, la base de cálculo para determinar las pensiones de viudez, orfandad o ascendientes, es la pensión que le hubiera correspondido al asegurado en caso de invalidez, por lo que el sistema primero calcula la pensión por invalidez que hubiera percibido al asegurado en vida y con base en su cuantía básica, aplica los porcentajes para la viudez del 90 %, orfandad el 20 % por cada huérfano y solo a falta de esposa, concubina e hijos, tendrán derecho a un 20 %, los padres o ascendientes del asegurado, que hayan convivido y dependido económicamente del asegurado.

Desde luego la misma ley establece que la suma de las pensiones de viudez y orfandad, no rebasará el 100 % de la cuantía básica del pensionado, de tal manera que cuando la única beneficiaria de la pensión es la viuda, esta va a percibir el 90 %, pero si además de ella hay un hijo con derecho, entonces los porcentajes se prorratean, con un 81.82 % para la viuda y un 18.18 % para el hijo y en los casos en que además de la viuda, hay dos hijos con derecho, entonces a la viuda la corresponde el 69.24 % y a cada uno de los hijos el 15.38 % y así sucesivamente cuando hay existencia de más hijos con derecho; es importante mencionar que la misma ley establece que los hijos siempre van a tener derecho mientras no cumplan los 16 años de edad y a partir de que los cumpla, su derecho continúa, mientras estén estudiando y termina hasta que cumplan 25 años o terminen su carrera, lo que ocurra primero, desde luego cuando uno de los hijos deje de estudiar o termine su carrera, los porcentajes de la cuantía básica, se redistribuyen tanto para la viuda, como para el hijo o los hijos que aún tienen derecho, pero al final cuando todos los hijos terminan su derecho, la viuda vuelve a recuperar el 90 % de la cuantía básica, al menos que alguno de los hijos tenga expedido un dictamen de invalidez con carácter definitivo, que le dé derecho a la pensión de orfandad de forma permanente, hasta su fallecimiento.

Tabla 21. Porcentajes para pensiones de viudez y orfandad

Viuda	Huérfanos	Viuda	Huérfanos
1	0	90 %	0
1	1	81.82%	18.18 %
1	2	69.24 %	15.38 %
1	3	60.01%	13.33 %
1	4	52.96 %	11.76 %
1	5	47.35 %	10.53 %
1	6	42.88 %	9.52 %

Sin embargo, cuando fallece un pensionado, que en vida percibía una pensión de invalidez, vejez o cesantía en edad avanzada, bajo el régimen de la ley de 1973, a estas pensiones se les denomina, pensiones derivadas, porque los beneficiarios legales de estos pensionados, no requieren que el departamento de afiliación y vigencia de derechos, tenga que certificar el derecho en cuanto al tiempo de espera, del pago de un mínimo de ciento cincuenta cotizaciones semanales por parte de asegurado, porque esto ya lo hizo el asegurado en el momento que reunió el requisito, para percibir cualquiera de estas pensiones, ya sea de invalidez, vejez o cesantía en edad avanzada.

En caso de fallecimiento de un pensionado que venía cobrando de años atrás, una pensión por invalidez, vejez o cesantía en edad avanzada, en el momento de su fallecimiento, la mensualidad de su pensión es mucho más alta, que la que empezó a cobrar inicialmente, por los incrementos anuales conforme al índice nacional de precios al consumidor INPC, así que para el cálculo de la pensión derivada de viudez, orfandad o ascendientes, el sistema de pensiones SPES toma como base de cálculo, la cuantía básica actualizada de la pensión que venía cobrando el pensionado fallecido, a la cual se le aplican los porcentajes correspondientes para la viudez, orfandad, o ascendientes, solo a falta de esposa e hijos con derecho, lo que no es muy común con pensionados, que al fallecer percibían una pensión de cesantía en edad avanzada o vejez, a los que todavía les sobrevivan sus padres, al menos yo solo he tenido conocimiento de una pensión por ascendientes derivada de la muerte de una pensionada, por cesantía en edad avanzada, porque es muy difícil que a este tipo de pensionados, le sobrevivan sus padres o ascendientes, aunque no dudo que en el contexto nacional se hayan dado más casos de este tipo de pensiones.

Cuando fallece un pensionado por invalidez, vejez, o cesantía en edad avanzada, bajo el régimen de la ley de 1973, es muy común que su esposa o hijos, al recibir la pensión derivada correspondiente, reclamen al departamento de pensiones, su desacuerdo con la pensión recibida, porque consideran que no les dieron los porcentajes que por ley están establecidos, de acuerdo con la pensión mensual que el pensionado cobraba antes de fallecer; así que esta confusión se da porque el pensionado cobraba, además de su cuantía básica de acuerdo a sus salarios y semanas cotizadas, un porcentaje adicional por asignaciones familiares, por tener beneficiarios registrados con derecho a recibir ese beneficio, lo que es un derecho solo del pensionado, el cual se termina con su fallecimiento y que no forma parte de la pensión que a su muerte tienen derecho a percibir sus beneficiarios legales.

Pensiones por riesgo de trabajo

Antes de explicar el procedimiento de cálculo que tienen las pensiones por riesgo de trabajo, primero que nada, es importante saber que la ley vigente del Seguro Social, describe en su artículo 41, que los riesgos de trabajo son los accidentes y enfermedades a que están expuestos los trabajadores en ejercicio o con motivo del trabajo; así mismo y de acuerdo con el artículo 42 de la ley, se considera accidente de trabajo, toda lesión orgánica o perturbación funcional, inmediata o posterior, o la muerte, producida repentinamente en ejercicio o con motivo del trabajo, cualquiera que sea el lugar y el tiempo en que dicho trabajo se preste; también se considera accidente de trabajo el que se produzca, al trasladarse el trabajador directamente de su domicilio al lugar del trabajo, o de este a aquel.

Cuando yo estuve como jefe del departamento de prestaciones económicas, me tocó ver en algunas ocasiones, casos de accidentes de trabajo, los cuales para ser considerados como accidentes de trabajo, forzosamente tenían que ser reportados por el patrón y calificados como si de trabajo, por el departamento de salud en el trabajo del hospital general de zona; una vez cumplido este requisito, el trabajador recibe el pago del 100 % de su salario diario registrado ante el IMSS, por concepto de subsidio por incapacidad para trabajar, mientras dura su incapacidad y hasta en tanto no sea dado de alta para trabajar, o se le realice el dictamen correspondiente para recibir una pensión mensual, o una indemnización global de cinco anualidades de la pensión que le hubiera correspondido, lo cual explicaré en forma detallada dentro de este mismo capítulo.

Las pensiones por riesgo de trabajo, se clasifican en pensiones por incapacidad total permanente, pensiones por incapacidad parcial permanente y como indemnizaciones globales, así que cuando el departamento de salud en el trabajo califica el accidente de trabajo, como incapacidad total permanente, es porque el trabajador está imposibilitado al cien por ciento para trabajar, por las lesiones que tuvo en el accidente que sufrió, que muchas veces implica la amputación de miembros, o pérdida total de la vista, por citar algunas causas de pérdida de capacidad para trabajar.

Para calcular una pensión por incapacidad permanente total, nos basamos en lo establecido por el artículo 58 fracción II de la ley vigente, que establece que al declararse la incapacidad permanente total del asegurado, este recibirá una pensión mensual definitiva equivalente al 70 % del salario en que estuviere cotizando; así que si el asegurado al momento del accidente estaba registrado ante el IMSS con un salario diario de $ 700.00, para calcular la pensión que le correspondería, se multiplica su salario de $ 700.00, por los 365 días del año y este resultado se multiplica por el 70 % y la cifra resultante se divide entre los 12 meses del año, para determinar la pensión mensual que el asegurado recibiría inicialmente, la cual sería de $ 14,904.16, misma que se incrementará a partir de 01 de febrero de los años subsecuentes, conforme al índice nacional de precios al consumidor INPC.

$ 700.00 X 365 días del año x el 70 % =
$ 178,850.00 / 12 = $ 14,904.16

Ahora bien, suponiendo a este asegurado, en lugar de habérsele declarado la incapacidad total permanente, el departamento de salud en el trabajo determinó una incapacidad para trabajar, solo del 60 %, entonces la pensión mensual por incapacidad parcial permanente, se determinaría multiplicando los

$ 14,904.16 correspondientes a la pensión mensual por incapacidad permanente total, por el 60 % de valuación resultando una pensión mensual inicial de $ 8,942.50, la cual también se incrementaría anualmente, conforme al incremento del INPC. Basándose en los dos ejemplos anteriores, con el mismo salario registrado de $ 700.00 y suponiendo que el departamento de salud en el trabajo, consideró que el asegurado tiene una valuación de hasta el 25 % de incapacidad para trabajar, entonces de acuerdo a lo establecido por el artículo 58 fracción III de la ley, el asegurado recibirá en sustitución de la pensión, una indemnización global equivalente a cinco anualidades de la pensión que le hubiera correspondido, en este caso el cálculo de la indemnización global se obtiene al multiplicar de cantidad de $ 14,904.16, correspondiente a la pensión mensual de incapacidad total permanente, por el 25 % de valuación, obteniendo como resultado una pensión mensual de $ 3,726.04, la cual se multiplica por 60 meses, que es lo equivalente a cinco anualidades de la pensión, obteniendo como resultado una indemnización global de $ 223,562.40.

El mismo artículo 58 fracción III, establece que dicha indemnización será optativa para el trabajador, cuando la valuación definitiva de la incapacidad exceda del 25 %, sin rebasar el 50 %, así que en razón de lo anteriormente mencionado, si el departamento de salud en el trabajo determinara que el asegurado tiene una valuación del 45 %, como incapacidad parcial permanente, el asegurado tiene la opción de elegir entre una indemnización global de cinco anualidades de su pensión, la cual se obtendría multiplicando los $ 14,904.16, correspondientes a la mensualidad por incapacidad permanente total, por el 45 % de valuación, obteniendo como resultado una pensión mensual de $ 6,706.87, que al multiplicarse por 60 meses, que es lo equivalente a cinco anualidades daría como resultado un solo pago por concepto de una indemnización global de $ 402,412.32, con lo que el IMSS, quedaría liberado de toda responsabilidad con este asegurado, con respecto al riesgo de trabajo ocurrido y sin derecho a la prestación de servicios médicos por este mismo motivo.

Es muy importante mencionar que un asegurado que está en una situación como la antes mencionada, se encuentra entre la disyuntiva de aceptar un solo pago $ 402,547.32, o una mensualidad de $ 6,709.12, la cual se incrementará anualmente conforme al índice nacional de precios al consumidor INPC, teniendo también el beneficio de servicio médico tanto él, como sus beneficiarios legales. Quienes trabajábamos en el departamento de prestaciones económicas, en casos como este, orientábamos al asegurado para que tomara la mejor decisión de acuerdo a sus intereses, haciéndole la observación en aquel tiempo, que al optar por la pensión mensual, con los incrementos anuales conforme al salario mínimo, en menos de cinco años iba a superar la cantidad que se le ofrecía como indemnización global y sobre todo que tratara de seguir cotizando por medio de otro trabajo de acuerdo a sus capacidades físicas, para asegurar en un futuro otra pensión distinta, pudiendo ser por invalidez, cesantía en edad avanzada o vejez, las cuales de conformidad con el artículo 175 de la ley de 1973, son compatibles con las pensiones por riesgo de trabajo, con limitaciones establecidas por el artículo 125 de la misma ley, que establece que: si alguien tiene derecho a cualquiera de las pensiones proveniente de los seguros de invalidez, cesantía en edad avanzada y vejez, y también a una pensión proveniente del seguro de riesgos de trabajo, percibirá ambas sin que la suma de sus cuantías exceda el 100 %, del salario promedio del grupo mayor, de los que sirvieron de base para determinar la cuantía de las pensiones concedidas, haciendo hincapié, en que los ajustes para no exceder el límite señalado, no afectaran la pensión proveniente de riesgos de trabajo.

Las enfermedades de trabajo, también están consideradas en el seguro de riesgos de trabajo y el artículo 43 de la ley vigente, las define como todo estado patológico derivado de la acción continua de una causa que tenga su origen o motivo en el trabajo, o en el medio en que el trabajador se vea obligado a prestar sus servicios. En todo caso, serán enfermedades de trabajo, las consideradas en la ley federal del trabajo.

En realidad, las pensiones otorgadas con motivo de una enfermedad de trabajo, no son tan frecuentes como las que se originan por accidentes de trabajo dentro de las instalaciones donde laboran los trabajadores, o las que se suceden por accidentes que sufren los trabajadores, en el trayecto de su casa al trabajo o viceversa; yo en lo personal, he tenido muy poco conocimiento de pensiones otorgadas con motivo de una enfermedad de trabajo, solo recuerdo un caso de una persona que trabajaba en las turbinas de una empresa, a la que le diagnosticaron hipoacusia neurosensorial secundaria a trauma acústico, lo que le provocó con el paso del tiempo, la pérdida parcial de su capacidad auditiva, por tanto ruido a que estaba expuesto dentro de su jornada de trabajo; este caso se me quedó muy presente y lo recuerdo hasta en la actualidad, porque no obstante que la valuación de su incapacidad que le determinó el departamento de salud en el trabajo, fue menor al 50 %, él no pudo optar por una indemnización global, como si sucede con los accidentes de trabajo, debido a que de acuerdo a una circular emitida por los servicios médicos en aquel entonces, se establecía que las enfermedades de trabajo, no tienen el carácter de definitivo, porque tienden a evolucionar progresivamente, motivo por el cual tendrían que revalorarse en un futuro; así que debido a esta circular supe que una enfermedad de trabajo, aun con una valuación del 10 % o 15 %, forzosamente tendría que dar origen a una pensión mensual y no a una indemnización global, equivalente a cinco anualidades de la pensión.

Las enfermedades de trabajo tienen el mismo procedimiento de cálculo que los accidentes de trabajo, con la diferencia de que, para calcular las pensiones por accidentes de trabajo, se toma como base de cálculo el salario registrado del trabajador, a la fecha del accidente y para calcular las pensiones por enfermedades de trabajo, se toma como base cálculo, el salario promedio de las cincuenta y dos últimas semanas, o las que tuviere, si su aseguramiento fuera por un tiempo menor.

Como las pensiones por accidentes de trabajo, no requieren del requisito de cumplir con tiempos de espera, medidos en semanas de cotización, como si sucede con las pensiones de invalidez, vejez, o cesantía en edad avanzada, ya que un trabajador puede quedar pensionado, aún si el accidente que lo dejara imposibilitado para trabajar, le ocurriera el primer día en que entró a trabajar, o unos días o semanas después, así que es muy importante que quienes estén disfrutando de una pensión por un accidente de trabajo, revisen su situación para evitar problemas en el futuro, porque las pensiones por accidentes de trabajo, no derivan pensiones de viudez, orfandad, o ascendientes, pues están sujetas a lo establecido por el artículo 151 de la ley de 1973 y en su caso al artículo 129 de la ley de 1997, que establecen, en los mismos términos, que también tendrán pensión los beneficiarios de un asegurado fallecido por causa distinta a un riesgo de trabajo, que se encontraba disfrutando de una pensión por incapacidad permanente derivada de un riesgo igual, si aquel tuviera acreditado al instituto un mínimo de ciento cincuenta cotizaciones semanales y hubiese causado baja en el Seguro Social obligatorio, cualquiera que fuera el tiempo transcurrido desde la fecha de su baja; así mismo, estos mismos artículos establecen que: si el asegurado disfrutaba de una pensión por incapacidad permanente total y fallece por causa distinta a un riesgo de trabajo, sin cumplir el requisito del párrafo anterior, sus beneficiarios legales tendrán derecho a pensión, si la que gozó el fallecido no tuvo una duración mayor a cinco años; o sea que esta dispensa de no tener las ciento cincuenta semanas cotizadas, solo es para los asegurados que disfrutaban de una pensión de incapacidad total permanente y no para los pensionados por incapacidad parcial permanente. Es muy importante tener en cuenta lo establecido por los artículos antes mencionados, porque hay muchos casos de asegurados que mueren en el momento que sufren el accidente de trabajo, o días después estando hospitalizados, lo que da derecho a sus beneficiarios legales, tales como esposa e hijos a recibir una pensión de viudez y orfandad, del 40 % y 20 %, respectivamente, tomando como base de cálculo para estas pensiones, lo que le hubiera correspondido al asegurado, en caso de incapacidad permanente total.

Sin embargo, en los casos de trabajadores que sufren accidentes de trabajo y que generan una pensión por ese motivo, la cual disfrutan por muchos años, hasta su fallecimiento, lo más lógico es que cuando esto suceda, su fallecimiento no va a tener relación con el accidente sufrido muchos años atrás y entonces forzosamente, para que sus beneficiarios legales tengan derecho a la pensión de viudez y orfandad, el asegurado debió haber cotizado un mínimo de ciento cincuenta semanas de cotización, cualquiera que fuera el tiempo de su baja, es decir que aquí no hay pérdida del periodo de conservación de derechos, como si sucede con los periodos cotizados por los trabajadores, conforme al régimen de la ley de 1973, para tener derecho a las pensiones de invalidez, vejez o cesantía en edad avanzada, igual para los trabajadores bajo el régimen de la ley de 1997, pero solo para los seguros de invalidez y vida, porque en la ley de 1997 no existe la pérdida del periodo de conservación de derechos, para las pensiones de cesantía en edad avanzada y vejez, desafortunadamente suceden casos de esposas e hijos de un pensionado fallecido, que en vida disfrutaba de una pensión por riesgo de trabajo, que al solicitar la pensión de viudez y orfandad, les es negada por haber fallecido por causa distinta al riesgo de trabajo que originó su pensión, por no reunir el requisito mínimo de las ciento cincuenta semanas reconocidas, como lo establecen los artículos 150, fracción I, y 128 de las leyes del Seguro Social de 1973 y 1997 respectivamente. Cuando yo era el jefe del departamento de prestaciones económicas y se nos presentaban casos de solicitudes de pensiones de viudez, orfandad o ascendientes de beneficiarios de un pensionado fallecido que en vida disfrutó de una pensión de incapacidad total o parcial permanente, por más de cinco años o menos tiempo, lo primero que se hacía de acuerdo a nuestras normas, era solicitar por escrito al departamento de salud en el trabajo, adjuntando el acta de defunción correspondiente, para que nos informara si la causa del fallecimiento, tenía relación con el riesgo que dio origen a la pensión que disfrutó en vida y en caso de negativa, que era lo más común, entonces se giraba un oficio al departamento de afiliación y vigencia de derechos, para que hiciera la certificación del derecho, para otorgar o negar a la pensión, con base en lo establecido en el artículo 151 de la ley de 1973, vigente en ese entonces.

Yo recuerdo muy bien un caso que sucedió hace mucho tiempo, sin poder precisar el año en que sucedió, estando yo todavía activo como trabajador, de un pensionado que falleció estando disfrutando de una pensión por incapacidad permanente total, por haber quedado cuadripléjico a consecuencia de una bala que lesionó su columna vertebral, en un asalto que ocurrió en una tienda de autoservicio donde él era el vigilante y como este pensionado falleció después de los cinco años de disfrutar de su pensión y como trabajador activo no logró un mínimo de ciento cincuenta semanas de cotización, se le negó la pensión de viudez a su beneficiaria esposa, la cual interpuso un recurso de inconformidad ante el consejo consultivo delegacional, resultando fundado el recurso interpuesto, porque aunque en aquel entonces el departamento de salud en el trabajo, determinó que el fallecimiento del pensionado no tenía relación con el accidente que originó su pensión por incapacidad total permanente, la opinión técnico-médica, del cuerpo de gobierno del hospital general de zona, determinó que si había relación con el accidente que originó su pensión, porque el pensionado falleció por neumonía, que fue a consecuencia de la cuadriplejía que padecía, por estar postrado en cama, sin poder mover sus extremidades.

Por todo lo antes mencionado, es muy importante que los pensionados que se encuentren disfrutando de una pensión por incapacidad permanente total o parcial, cualquiera que sea su porcentaje de valuación, se aseguren de tener un mínimo de 150 semanas cotizadas y de no ser así, traten de tener una relación laboral para completarlas, con el fin de asegurar a su fallecimiento, una pensión para sus beneficiarios legales y si es posible asegurar el mismo pensionado otra pensión por invalidez, vejez o cesantía en edad avanzada, las cuales son compatibles con las pensiones de riesgo de trabajo, de conformidad con el artículo 174 de la ley de 1973, con las limitaciones que establece el artículo 125 de esta misma ley.

Pensiones compatibles e incompatibles

Lo que me gusta de la ley de del Seguro Social de 1973, es el hecho de que contempla reglas de compatibilidad e incompatibilidad de las pensiones, estableciendo claramente qué pensiones son compatibles con trabajos remunerados y con otras pensiones que otorga la misma ley, de tal manera que un pensionado tenga conocimiento que además de la pensión que ya se encuentra disfrutando, qué trabajos remunerados puede realizar sin que se le suspenda la pensión que está percibiendo y a que otras pensiones puede aspirar, en caso de reunir los requisitos que establece la ley para el disfrute de las mismas.

Así pues, el artículo 274 de la ley de 1973, establece las reglas de compatibilidad de las pensiones de invalidez, vejez y cesantía en edad avanzada, las cuales son compatibles con trabajos remunerados, con las limitaciones que establece el artículo 123 de la misma ley, por ejemplo quien disfruta de una pensión de invalidez, quien en su trabajo habitual se desempeñaba como chofer de un autobús, podrá seguir trabajando y ganando un salario, además de seguir cobrando su pensión, siempre y cuando realice dentro de su misma empresa o en otra distinta, un trabajo diferente al que invalidaron mediante dictamen médico, es decir, que puede hacer trabajos administrativos o de supervisión de mantenimiento de vehículos, obteniéndose de realizar labores de chofer, lo que ocasionaría la suspensión del pago de su pensión de invalidez.

Con respecto a las pensiones de vejez y cesantía en edad avanzada, estas también están reglamentadas por el artículo 123, estableciendo que cualquiera de que se encuentre disfrutando de alguna de estas pensiones, puede desempeñar un trabajo remunerado, siempre y cuando hayan transcurrido seis meses desde que inició su pensión y con un patrón distinto al último que tuvo y con el cual obtuvo la pensión, quedando claro que sí se llevan a cabo trabajos remunerados con el mismo patrón con el que se pensionó, esto es motivo de suspensión de su pensión, mientras esté haciendo este trabajo.

Lo más interesante que sucedía con estas pensiones de invalidez, vejez y cesantía en edad avanzada, es el hecho que la misma ley en su artículo 183 fracción IV, establece que cualquier persona que esté disfrutando de alguna de estas pensiones, puede mejorarla si durante su reingreso hubiera cotizado 100 semanas o más, lo que permitiría mejorar su pensión con las nuevas aportaciones realizadas, pero si cambiaba a otra distinta, de invalidez a vejez o cesantía en edad avanzada, solo podrá percibir la que más le favorezca, esto ya no es posible en la actualidad, porque en la ley actual no existe el seguro de IVCM invalidez, vejez y cesantía en edad avanzada y quienes actualmente disfrutan de cualquiera de las pensiones antes mencionadas, solo tienen el beneficio en caso de reingresar a trabajar con trabajo remunerado sujeto de aseguramiento, con base en los permitidos por el artículo 123 de la ley de 1973, de estar cobrando un salario con su nuevo trabajo y seguir cobrando su pensión.

También las pensiones de invalidez, vejez o de cesantía en edad avanzada, son compatibles con pensiones provenientes del seguro de riesgos de trabajo, o sea que alguien que esté disfrutando de una pensión de las anteriormente mencionadas, puede disfrutar de una pensión derivada del seguro de riesgos de trabajo, si en un nuevo aseguramiento, tuviera un accidente de trabajo o una enfermedad profesional, que diera como resultado una valuación del departamento de salud en el trabajo, que ameritara el derecho de una pensión distinta a la que ya viene disfrutando, con las limitaciones establecidas por el artículo

125 de la ley, que establece que podrá percibir ambas pensiones, sin que la suma de sus cuantías exceda el 100 % del salario del grupo mayor de los que sirvieron de base, para determinar la cuantía de las pensiones concedidas, en este caso los ajustes que se hagan a las pensiones concedidas, para no exceder el límite señalado, no afectaran a la pensión proveniente del seguro de riesgos de trabajo.

Este tema resulta muy importante, para quienes a muy temprana edad, reciben una pensión del seguro de riesgos de trabajo, ya que las pensiones por riesgo de trabajo, no requieren de tiempos de espera medidos en semanas de cotización y pueden generarse incluso si en el primer día de su trabajo, un trabajador sufre un accidente que lo incapacite para trabajar en forma permanente: la importancia de este tema radica, en que hay personas que están percibiendo desde muy jóvenes una pensión del seguro de riesgos de trabajo y desconocen que pueden seguir trabajando con las limitaciones de la pensión que perciben y aspirar a otras pensiones ya sea por invalidez, vejez o cesantía en edad avanzada.

En el tiempo que me desempeñé como jefe de del departamento de prestaciones económicas, pude ver varios casos de personas que venían percibiendo una pensión de incapacidad permanente parcial, derivada del seguro de riesgos de trabajo, con valuaciones de un 40 % o 60 % y que se conformaban solo con esta pensión, desconociendo que las pensiones del seguro de trabajo, no generan pensiones de viudez, orfandad o ascendientes, a la muerte del pensionado, ya que en estos casos, en caso del fallecimiento del pensionado, los beneficiarios legales solo podrán recibir una pensión, si se cumplen los requisitos establecidos por el artículo 151 de la ley de 1973 y 129 de la ley de 1997, consistentes en que el pensionado al fallecer tuviera acreditado un mínimo de 150 cotizaciones semanales y que hubiere causado baja en el Seguro Social obligatorio, cualquiera que fuese el tiempo transcurrido desde la fecha de su baja, o sea que en estos casos, no se pierde el periodo de conservación de derechos, así pues, los artículos 151 y 129 de las leyes del seguro social de 1973 y 1997 respectivamente, solo hace la dispensa de cumplir con el requisito de las 150 semanas de cotización, si el pensionado percibía una pensión de incapacidad permanente total, si al fallecer por causa distinta a un riesgo de trabajo, su pensión no haya tenido una duración mayor a cinco años.

Este tema es muy interesante, pues no solo se refiere a las pensiones que ya hemos mencionado, que son compatibles con las de invalidez, vejez y cesantía en edad avanzada, el artículo 274 de la ley de 1973, tiene una larga lista de las pensiones que son compatibles con las antes mencionadas, por lo que recomiendo a los lectores de este libro, leer con mucho detenimiento este artículo para tener un amplio conocimiento de este tema y en su caso, ubicar bien la situación en que están con respecto a la pensión que reciben, como por ejemplo, una persona que recibe una pensión de invalidez, vejez o cesantía en edad avanzada por derechos propios como asegurada, puede desempeñar trabajos remunerados, con las limitaciones establecidas por el artículo 123, además de que puede recibir una pensión de viudez, derivada de los derechos como beneficiario de su cónyuge asegurado.

La ley de 1973, en su artículo 275 también contempla reglas de incompatibilidad de las pensiones y refiriéndose a las pensiones de invalidez, vejez o cesantía en edad avanzada, estas son excluyentes entre sí, o sea que, si se percibe cualquiera de estas tres pensiones, no podrá tener derecho a alguna de las otras dos, esto se debe que dichas pensiones tienen el mismo procedimiento de cálculo, de conformidad con el artículo 167 de la ley.

también las pensiones de viudez, son incompatibles con pensiones de orfandad, al igual que la pensión de ascendientes y las pensiones de orfandad son incompatibles con otras pensiones establecidas en la ley, con excepción de las que pro-

vengan de los derechos generados por otro progenitor fallecido, un ejemplo de esta última situación, sería que un menor
de edad recibiera una pensión por el fallecimiento de su padre
asegurado y posteriormente, estando todavía dentro de la edad
y requisitos que establece la ley, falleciera su madre quien también haya generado derechos al estar asegurada con un trabajo
remunerado, o disfrutando de una pensión de invalidez, vejez
o cesantía en edad avanzada.

La ley de 1997, no contempla reglas de compatibilidad e
incompatibilidad de las pensiones, solo se limita a decir en su
artículo 160, que el pensionado que se encuentre disfrutando
de una pensión de cesantía en edad avanzada, no tendrá derecho a una posterior de vejez o de invalidez y peor aún, quienes
vienen disfrutando de una pensión garantizada por el estado de
conformidad con el artículo 170 de esta ley, sufrirán la suspensión del pago de dicha pensión, si reingresan a un trabajo sujeto
al régimen ordinario, sin contemplar que al término de esta
última relación laboral, al regresar el pensionado a su pensión
original, la recibía actualizada de conformidad con el INPC
índice nacional de precios al consumidor, por el tiempo transcurrido, lo que tampoco contempla esta ley, es que al regresar
el asegurado a su pensión original, esta será mejorada con las
nuevas aportaciones que se generaron a una cuenta individual,
en su última relación laboral, situación que se desconoce en su
totalidad y representa un vacío en esta ley.

Pensiones mínimas de la Ley de 1973

La pensión mínima mensual que debe de recibir un pensionado, por invalidez, vejez o cesantía en edad avanzada, bajo el régimen de la ley de 1973, está estipulada en el artículo 168 de dicha ley, que establece que: la pensión de invalidez, vejez o cesantía en edad avanzada, incluyendo las asignaciones familiares y ayudas asistenciales que en su caso correspondan, no podrá ser inferior al 100 % del salario mínimo general que rija en el distrito federal; esa pensión mínima se sigue respetando para todos los asegurados a los que se les otorga una pensión bajo el régimen de la ley de 1973 y que en el cálculo aritmético que hace el sistema de pensiones, les resulta una pensión mensual menor a la pensión mínima, que está vigente en la fecha en que el pensionado inició su derecho a disfrutar de la pensión. La razón por la que a un pensionado se le iguala su pensión a la pensión mínima, se debe a que la gran mayoría de estos cotizaron siempre o casi siempre con el salario mínimo y aun cuando al final de su vida laboral hayan tenido reconocidas ante el IMSS, 800, 1,200 o 1,500 semanas de cotización, el resultado aritmético que realiza el sistema de pensiones, siempre va a ser menor a la pensión mínima. La pensión mínima vigente a partir del 01 de enero del 2023, es de $ 7,003.69 y es el resultado de multiplicar el salario mínimo general vigente a partir de esa fecha $ 207.44 por los 365 días del año, cantidad que se divide entre los 12 meses del año, para obtener el importe mensual de $ 6,309,63 y a ese importe se le agrega un 11 % adicional, que fue autorizado con base en el decreto publicado en el diario oficial de la federación el 05 de enero del 2004, incremento que se autorizó para las pensiones de cesantía y vejez que ya estaban en curso en esa fecha, con un pago retroactivo a partir del 01 de marzo del 2003 y para las nuevas pensiones de vejez y cesantía en edad avanzada, a partir del inicio de su vigencia, haciendo la aclaración que este beneficio de incrementar la cuantía de la pensión con el 11 % adicional, solo aplica para las pensiones de invalidez y riesgos de trabajo cuando el pensionado cumpla con el requisito de tener 60 años de edad, ya sea al inicio de su pensión o cuando se encuentre disfrutando de la misma.

$$\$ 207.44 \times 365 = \$ 75715.60/12 = \$ 6{,}309.63 \ X$$
$$11.00 \% = 694.06 + 6{,}309.63 = \$ 7{,}003.69$$

Es importante tener en cuenta este procedimiento de cálculo para determinar el importe mensual de la pensión mínima; así pues, cada vez que se dé a conocer el salario mínimo general en los años subsecuentes, quienes vayan a tramitar su pensión de vejez o cesantía en edad avanzada y que hayan venido siempre cotizando con el salario mínimo, van a tener conocimiento con anticipación del importe mensual de su pensión, la cual estará vigente del mes de enero a diciembre de cada año, para posteriormente ser incrementada a partir del 01 de febrero de los años subsecuentes conforme al incremento del INPC índice nacional de precios al consumidor.

Estas pensiones mínimas bajo el régimen de la ley de 1973, que anteriormente se incrementaban conforme al artículo 172 de dicha ley, que establece que: la cuantía de las pensiones por invalidez, vejez o cesantía en edad avanzada serán revisadas cada vez, que se modifiquen los salarios mínimos, incrementándose con el mismo aumento porcentual que corresponda, al salario mínimo general del distrito federal; así mismo las pensiones otorgadas a los beneficiarios por la muerte de un asegurado o pensionado por invalidez, vejez y cesantía en edad avanzada, de acuerdo al artículo 173 de la misma ley, serían incrementadas también en los mismos términos que el artículo 172; esta situación se mantuvo así, hasta que en las reformas a la ley publicadas en el diario oficial de la federación el 20 de diciembre del 2001, en el artículo décimo primero transitorio, se estableció que: la cuantía de las pensiones otorgadas al amparo de la legislación vigente hasta el 30 de junio de 1997, será actualizada anualmente en el mes de febrero, conforme al índice anual de precios al consumidor, correspondiente al año calendario anterior. Esta disposición se empezará a aplicar a partir del primero de febrero del 2002.

Cuando entró en vigor la ley de 1997, a partir del 01 de julio de 1997, se cambió el concepto de pensión mínima, por el de pensión garantizada, ya que en la descripción de la seguridad social contenida en el artículo 2 de la ley, se contempla el otorgamiento de una pensión, que en su caso y previo al cumplimiento de los requisitos legales, será garantizada por el estado; así pues, en la ley original publicada en el diario oficial de la federación el 21 de diciembre de 1995, quedó establecido en su artículo 170 que: la pensión garantizada es aquella que el estado asegura a quienes reúnan los requisitos señalados en los artículos 154 y 162 de esta ley y su monto mensual será equivalente a un salario mínimo general para el distrito federal, en el momento que entre en vigor esta ley, cantidad que se actualizará anualmente, en el mes de febrero, conforme al índice nacional de precios al consumidor INPC, para garantizar el poder adquisitivo de dicha pensión.

Así que cuando entró en vigor la nueva ley el 01 de julio de 1997, se estableció que la pensión garantizada de esta nueva legislación fuera de $ 804.52, que era el mismo importe de la pensión mínima mensual de la ley de 1973, que había sido derogada a partir del 01 de julio de 1997, quedando claro que las pensiones de la ley de 1997, iban a tener un mayor incremento anual a las que venían en curso con la ley de 1973, así como las subsecuentes que se otorgaran por esta nueva legislación y en un principio si se podía apreciar una diferencia a favor de las pensiones garantizadas de la ley de 1997, comparadas con las pensiones mínimas de la ley de 1973, pues a partir de 1998, la pensión garantizada de la ley de 1997 era de $ 930.99 y la pensión mínima de la ley de 1973 era de $ 918.58, en el año 2000 la pensión garantizada era de $ 1,240.29 y la pensión mínima de $ 1,152.79, en el año 2001 seguía habiendo una diferencia a favor de la pensión garantizada, pues esta tenía un importe mensual de $ 1,351.41 y la pensión mínima era de $ 1,227.31; yo pienso que esta situación hizo que se modificara la legislación, para que las pensiones nuevas y las que estaban en curso conforme a la ley de 1973, se incrementaran en los mismos términos de la ley de 1997, por lo que en las reformas a la ley publicadas en el diario oficial de la federación del 20 de diciembre del 2001, en el artículo décimo primero transitorio, se estableció que: la cuantía de las pensiones otorgadas al amparo de la legislación vigente hasta el 30 de junio de 1997, será actualizada anualmente en el mes de febrero, conforme al índice nacional de precios al consumidor, correspondiente al año calendario anterior y que esta disposición, se aplicaría a partir del 01 de febrero del 2002.

Este cambio a la legislación que en teoría iba a beneficiar a las pensiones mínimas de la ley de 1973, que estaban en curso, así como las subsecuentes, con el paso del tiempo resultó todo lo contrario a lo estimado, pues la realidad es que año con año, se han quedado rezagadas, con respecto a las nuevas pensiones mínimas de los años subsecuentes, un ejemplo real de esta situación, es la pensión mínima a partir del 01 de enero del 2020, que era de $ 4,160.21, la cual se determinó con base en el nuevo salario mínimo general de $ 123.22 y en la actualidad, con los incrementos a las pensiones conforme al INPC, del 3.15 % en el 2021, del 7.36 %, en el 2022, 7.82 % en el 2023 y 4.66 % en el 2024 subió de $ 4,160.21 a $ 5,198.86 cantidad que comparada con la pensión mínima vigente a partir del 01 de enero del 2024 de $ 8,404.50, da como resultado que un pensionado que empezó cobrando una pensión mínima en el

2020 de $ 4,160.21 cobra $ 3,205.64 menos que quien empezó a cobrar una pensión mínima en el año de 2024. Preocupado aún más por esta situación, me dediqué a hacer un estudio, retrocediendo diez años a partir del año 2024, obteniendo la siguiente gráfica.

Tabla 22. Evolución de las pensiones mínimas de la ley de 1973

| % Incremento → | | 4.08% | 2.13% | 3.36% | 6.77% | 4.83% | 2.83% | 3.15% | 7.36% | 7.82% | 4.66% | |
Año	2014	2015	2016	2017	2018	2019	2020	2021	2022	2023	2024	Diferencia
2014	2,271.88	2,366.75	2,417.16	2,498.38	2,665.06	2,793.78	2,872.84	2,963.33	3,181.43	3,430.22	3,590.07	4,814.43
2015		2,366.75	2,466.01	2,548.87	2,667.52	2,796.36	2,875.50	2,966.08	3,184.38	3,433.40	3,593.40	4,811.10
2016			2,466.01	2,702.35	2,721.43	2,852.87	2,933.61	3,026.02	3,248.73	3,502.78	3,666.01	4,718.49
2017				2,702.35	2,885.30	3,024.66	3,110.26	3,208.23	3,444.35	3,713.70	3,886.76	4,517.74
2018					2,983.23	3,127.35	3,215.85	3,317.15	3,561.29	3,839.78	4,018.71	4,385.79
2019						3,466.73	3,564.84	3,677.13	3,947.77	4,256.49	4,454.84	3,949.66
2020							4,160.21	4,291.26	4,607.10	4,967.38	5,198.86	3,205.64
2021								4,784.14	5,136.26	5,537.92	5.795.99	2,608.51
2022									5,836.52	6,292.94	6,586.19	1,818.31
2023										7,003.69	7,330.06	1,074.44
2024											8,404.50	

Y esta situación resulta más impactante, si retrocedemos más años, ya que analizando y revisando las pensiones mínimas de la ley de 1973, el resultado es peor aún, pues una persona que empezó cobrando una pensión mínima diez años atrás, en el año 2014 de $ 2,271.88, aun con los diez incrementos anuales que ha tenido conforme al INPC, en los años subsecuentes, en el año 2024 cobra de pensión mensual $ 3,590.07, o sea que comparado con la pensión mínima a partir del 01 de enero del 2024 de $ 8404.50, cobra $ 4,814.43 menos que esta última pensión, lo peor de todo esto, es un caso real de una persona que se pensionó a partir del 02 de diciembre del 2006, con 60 años de edad, habiendo cotizado 1,689 semanas, con un salario promedio de sus últimas 250 semanas de $118.17, recibiendo un 15% como ayuda asistencial y que inicialmente su pensión mensual fue de $ 2,637.44, siendo mayor en ese entonces a la pensión mínima de esa fecha que era de 1,643.22, con una diferencia a su favor de $ 994.22; sin embargo, con todos los incrementos que ha tenido su pensión conforme al INPC desde el año 2007 hasta el año 2024, su pensión mensual en ese año del 2024 es de $ 5,794.35, la cual es menor a la pensión mínima garantizada del 2024 que es de $ 8,404.50, con una diferencia de $ 2,610.15; analizando bien este caso, se observa que lo que más influyó para que esta pensión que inicialmente era mayor a la pensión mínima y que actualmente es todo lo contrario, son los últimos incrementos al salario mínimo del 20% 15%, 22%, 20% y 20% de los años 2020,2021, 2022,2023 y 2024 respectivamente, con lo cual se ha venido beneficiando a los nuevos pensionados, pero dejando rezagados con una pensión menor a los anteriores, cuyos incrementos han sido conforme al INPC, que del 2020 al 2024, del 2.75%, 3.15%,7.36%, 7.82% y 4.66% respectivamente. Esta situación que viene afectando a las pensiones mínimas, por supuesto que también viene afectando a las pensiones superiores a las mínimas en una mayor proporción; un ejemplo real es el de un pensionado bajo el régimen de la ley de 1973, que tramitó su pensión a los 60 años de edad, en el mes de abril del año 2020, cuando el UMA era de $ 86.88, teniendo 1,476 semanas de cotización, un salario promedio de sus últimas 250 semanas de cotización de $ 1,540.96 y un 15% por concepto de asignaciones familiares, que inició cobrando una pensión mensual de $ 26,721.86 mensuales, después de los incrementos otorgados de conformidad con el INPC de 3.15 %, 7.36 %, 7.82 % y 4.66% en los años 2021, 2022, 2023 y 2024 respectivamente, en el año 2024 cobraba una pensión mensual de $ 33,393.24; sin embargo, si el incremento a las pensiones de la ley de 1973, se hubiera mantenido con base en lo establecido por el artículo 172 de dicha ley, aumentando cada año en el mismo porcentaje del salario mínimo, este pensionado que inició en el 2020 con una pensión mensual de $ 26,721.86, con los incrementos al salario mínimo de 15 %, 22 %, 20 % y 20.00 % de los años 2021, 2022, 2023 y 2024, respectivamente, en el año 2024 estaría percibiendo $ 53.986.66, como pensión mensual.

Yo pienso de manera muy particular, que el gobierno debe tomar acciones, para mejorar la legislación e igualar todas pensiones mínimas de la ley de 1973, con base al salario mínimo de cada año, porque no es justo que todas las pensiones anteriores, se queden rezagadas con relación a las pensiones nuevas a partir del 01 de enero de cada año, el ejemplo más reciente es la pensión mínima de la ley de 1973 a partir del 01 de enero del 2023 de $ 7,003.69, que conforme a los incrementos del índice nacional de precios al consumidor del 4.66% y 4.21% de los años 2024 y 2025, a partir del 01 de febrero del 2025, subió a $ 7,338.65, pero que comparada con la pensión mínima a partir del 01 de enero del 2025 de $ 9,412.98, basada en un salario mínimo general de $ 248.93, ya se quedó atrás, con una diferencia de $ 1,774.32; es más con el nuevo salario mínimo a partir del 01 de enero del 2025 de $ 278.80, la pensión mínima para este año subió a $ 9,412.98 y superó a la del 2024 con más de $ 1,008.48; si el gobierno no hace nada para corregir esta situación, vamos a seguir teniendo personas que perciben la pensión mínima, con un poder adquisitivo menor cada año y esto es una realidad, porque en el ámbito nacional, hay personas que empezaron a cobrar una pensión mínima bajo el régimen de la ley de 1973, desde hace más de diez años y que aún viven.

Con todas las desventajas que tienen las pensiones mínimas con relación a las nuevas, a partir del 01 de enero de cada año, es muy importante que los nuevos asegurados, que vayan a tramitar una pensión, por cesantía en edad avanzada y que hayan cumplido la edad en conservación de derechos después del mes de septiembre, octubre o noviembre de cualquier año, saquen una ventaja de esa situación y no tramiten su pensión en ese mes y traten de reactivar su seguro volviendo a cotizar ya sea con un patrón, o en cualquiera de las modalidades de aseguramiento que tiene el Seguro Social, como la modalidad 10 como trabajador independiente o la 40 incorporación voluntaria al régimen obligatorio del Seguro Social, únicamente hasta el mes de enero del próximo año, no más del 31 de ese mes, sin invadir un solo día del mes de febrero, para sacar el mejor provecho a su pensión, sobre todo si son personas con salarios bajos y que forzosamente van a recibir una pensión mínima en cualquier tiempo en que realicen su trámite.

Para mejor comprensión de esta situación, voy a poner como ejemplo el caso que un asegurado que ya teniendo 60 años de edad, fue dado de baja en el mes de octubre del 2023, pero con miras a obtener un beneficio mayor, reactivó su seguro, cotizando con otro patrón del mes de diciembre hasta el 31 de enero del 2024, el cual al tramitar su pensión obtuvo la pensión mínima a partir del 31 de enero del 2024 de $ 8,404.50 y con el incremento del 4.66% conforme al INPC a partir del 01 de febrero del 2024, su pensión subió a $ 8,796.15, en cambio, si hubiera tramitado su pensión en el mes de octubre del 2023, cuando fue dado de baja por su patrón, su pensión hubiera sido inicialmente de $ 7,003.69 y con el incremento conforme al INPC a partir del 01 de febrero del 2024 del 4.66% su pensión mensual hubiera subido a $ 7,330.06, percibiendo $ 1,074.44 menos que la nueva pensión a partir del 01 de enero del 2024, que es de $ 8,404.50.

Estos beneficios no solo son exclusivos de las personas al cumplimiento de los 60 años, también aplican para mayores de 60 que soliciten su pensión, en las condiciones que fue realizado el ejemplo anterior y estén en el supuesto de una pensión mínima de acuerdo sus salarios cotizados, durante su vida laboral; en las pensiones mayores a las pensiones mínimas, no es necesario hacer estos movimientos, porque no tienen el mismo beneficio, solo el incremento anual, conforme al índice nacional de precios al consumidor.

Límite de las pensiones a 25 salarios

Hace algunos años surgió una polémica con relación al límite de los 25 salarios mínimos de cotización, para determinar la pensión mensual de los asegurados que empezaron a cotizar con la ley de 1973, ya que la ley de 1973 en su artículo 33 párrafo segundo, establecía que tratándose de los seguros de invalidez, vejez, cesantía en edad avanzada y muerte, el límite superior será el equivalente a diez veces el salario mínimo general vigente en el distrito federal; así pues, a mí me tocó ver en muchas ocasiones la aplicación de este límite, en el salario base de cotización, sobre todo con trabajadores que tenían altas categorías, como trabajadores de TELMEX, CFE, o de compañías que trabajaban en las plataformas petroleras del estado de Campeche, así que ya estando en vigor la ley de 1997, surgieron rumores de que los asegurados que venían cotizando desde la ley de 1973, a la hora de pensionarse les iban a aplicar ese límite de los diez salarios, para determinar el importe de su pensión mensual, ya sea de invalidez, vejez, cesantía en edad avanzada, e inclusive a los beneficiarios de estos asegurados en caso de muerte de los mismos; esta situación generó una gran preocupación entre los asegurados pertenecientes a la ley de 1973, que venían cotizando inicialmente con quince salarios mínimos a la entrada en vigor de la ley de 1997, el cual fue aumentando cada año a partir de 1998, hasta llegar a los 25 salarios mínimos del distrito federal en el año 2007, de conformidad con lo establecido por el artículo 28 y vigésimo quinto transitorio de la ley de 1997; a mí no se me olvida que en una ocasión hace ya varios años me tocó ver por televisión a un reportero que cuestionó a un director general del IMSS, sobre esta polémica que preocupaba a muchos trabajadores y ni siquiera supo contestar en ese momento, dando alguna razón legal o jurídica que diera certeza a los asegurados que estaban en esa situación. Así que yo voy a dar mi opinión personal comentando que no es procedente la aplicación del límite de 10 salarios mínimos actualmente UMAS, a los asegurados que iniciaron con la ley de 1973 y el fundamento legal se debe a que cuando se promulgó la nueva ley que entró en vigor el 01 de julio de 1997, no se estableció dentro de los artículos transitorios de dicha ley, que los asegurados pertenecientes a ley del seguro social promulgada el 12 de marzo de 1973,conservarían como límite superior el tope de los 10 salarios mínimos, establecido en el artículo 33 de dicha ley, para los seguros de invalidez, vejez, cesantía en edad avanzada y muerte, por lo consiguiente, al entrar en vigor la nueva ley el 01 de julio de 1997, los asegurados que ya venían cotizando con la ley de 1973, como los que iniciaron con la ley de 1997, empezaron a cotizar con el mismo tope de los quince salarios mínimos del distrito federal establecido en el artículo 28, el cual se fue incrementando anualmente a partir de 1998, hasta llegar a los 25 salarios a partir del 01 de enero del año 2007, lo cual está establecido en el artículo décimo quinto transitorio de la ley de 1997.

Por otra parte, el artículo 35 de la ley del seguro social de 1997, establece que los cambios en el salario base de cotización, surtirán efectos a partir de la fecha en que ocurrió el cambio, tanto para la cotización, como para las prestaciones en dinero; por lo tanto, resulta ilógico que los asegurados que iniciaron con la ley de 1973, coticen con un salario superior a los diez salarios mínimos y hasta el tope de 25 salarios mínimos establecido en la ley del seguro social de 1997 y reciban las prestaciones en dinero, correspondientes a pensiones invalidez, vejez, cesantía en edad avanzada y muerte, tomando como base de cálculo de las mismas, el límite de los 10 salarios mínimos, establecido en la ley de 1973.

La realidad es que el límite de los 25 salarios mínimos del distrito federal, establecido en el artículo 28 de la ley de 1997, actualmente UMAS, rige tanto para la cotización, como para el pago de prestaciones en dinero, ya que en caso de incapacidades temporales en el seguro de riesgos de trabajo, se cubre el 100 % de ese salario de conformidad con el artículo 58 de la ley, por lo que corresponde al seguro de enfermedades, se cubre el 60 % del salario diario base de cotización como pago del subsidio por enfermedad general, o accidente no profesional, de conformidad con el artículo 98 de la ley, asimismo, en caso de incapacidades por maternidad el 100 % del salario diario base de cotización de conformidad del artículo 101 de la ley.

Por lo que respecta al pago de pensiones, aunque un asegurado haya cotizado siempre con el tope de los 25 salarios mínimos, o por lo menos durante los últimos 5 años, ninguna pensión que reciba tanto en el seguro de riesgos de trabajo, como en la invalidez, vejez, o cesantía en edad avanzada, va a alcanzar el tope de los 25 salarios mínimos, porque tratándose de pensiones del seguro de riesgo trabajo, lo máximo que establece la ley para pensiones de incapacidad permanente total, es el 70 % del salario base de cotización de conformidad con el artículo 58 fracción II de la ley; con respecto a las pensiones en los seguros de invalidez, vejez o cesantía en edad avanzada, tampoco ninguna pensión va a alcanzar el tope de los 25 salarios mínimos o UMAS como muchas personas tienen esa creencia, porque la ley de 1973 en su artículo 167 reformado tiene un procedimiento de cálculo de conformidad con una tabla actuarial de porcentajes, tanto para la cuantía básica de la pensión, como para los incrementos a la cuantía básica, que incrementan el importe mensual de una pensión por cada 52 semanas que rebasen la 500 de base para el cálculo de la pensión, dicha tabla otorga un 80 % de la cuantía de una pensión a los salarios de cotización menores y hasta un 13 % como máximo a los salarios de mayor rango, entrando en juego para determinar las pensiones de invalidez, vejez, cesantía en edad avanzada o muerte del asegurado, el salario de las últimas 250 semanas de cotización, más los incrementos por cada 52 semanas que rebasen las 500 que sirven de base para determinar la cuantía básica, además del incremento a la cuantía básica de la pensión por asignaciones familiares, otorgadas por los beneficiarios registrados, tratándose de esposa o concubina, hijos y a falta de estos los padres o ascendientes que cumplan con los requisitos que establece la ley.

Un ejemplo muy ilustrativo de un trabajador que ha cotizado siempre en el tope de los 25 salarios, actualmente medidos en UMAS, es el siguiente:

Un trabajador que del 2018 al 2022, cotizó siempre con el tope de los 25 UMAS, al recibir una pensión de cesantía en edad avanzada por cumplir los 60 años, su salario promedio de las últimas 250 semanas de cotización, para determinar su pensión de conformidad con el artículo 167 reformado de la ley de 1973, sería de $ 2,179.64, que es menor al último salario de $ 2,405.50 correspondiente a 25 UMAS que percibía el trabajador, antes de pensionarse.

Tabla 23. CÁLCULO DE SALARIO PROMEDIO
BASADO EN LAS ULTIMAS 250 SEMANAS DE COTIZACION, IGUAL A 1750 DIAS
ARTICULO 167 REFORMADO LEY DEL SEGURO SOCIAL 1973

PERIODO			SALARIO		IMPORTE
01/02/2022	AL	16/11/2022	$ 2,405.50	289	$ 695,189.50
01/02/2021		31/01/2022	$ 2,240.50	365	$ 817,782.50
01/02/2020		31/01/2021	$ 2,172.00	365	$ 794,952.00
01/02/2019		31/01/2020	$ 2,112.25	365	$ 770,971.25
01/02/2018		31/01/2019	$ 2,015.00	365	$ 735,475.00
			1750		$ 3,814,370.25
			SALARIO PROMEDIO		$ 2,179.64

Si aplicamos este salario promedio de $ 2,179.64 a un ejemplo donde se otorgue una pensión de cesantía en edad avanzada a una persona que cumplió los 60 años de edad y tramitó su pensión ante el IMSS en el año 2022, habiendo cotizado un total de 1,560 semanas cotizadas, lo equivalente a 30 años de aseguramiento y que además registra como asignación familiar a su esposa como única beneficiaria, tendríamos como resultado una pensión mensual de $ 40,129.83, cuyo importe estaría muy por de debajo de la percepción bruta mensual de ese asegurado, que de acuerdo a su último salario de $ 2,405.50 sería de $ 72,165.00, independientemente de esta situación, esta pensión en su caso estaría sujeta a la aplicación del artículo 169 de la ley de 1973, que establece que: las pensiones que se otorguen por invalidez, vejez o cesantía en edad avanzada, incluyendo el importe de las asignaciones familiares o ayudas asistenciales, no excederán el 100 % del salario promedio que sirvió de base, para fijar la cuantía de la pensión, por lo que los $ 40,129.83 mensuales de pensión, están muy por debajo del tope que establece el artículo de 169, que con base en el promedio de los 25 UMAS del 2018 al 2022 de $ 2,179.64, sería de $ 73,590.54 como pensión mensual.

Tabla 24. DATOS BÁSICOS PARA EL CÁLCULO DE PENSIÓN

Salario Promedio	UMA	Factor	Cuantía Básica	% de incremento	Semanas Cotizadas	N° de incrementos
$ 2,179.64	$ 96.22	22.65	13.00%	2.450%	1560	20.5

FÓRMULA DE CÁLCULO
(ART. 167 REFORMADO DE LA LEY DE 1973)

	Más 11%	Total Anual
$ 2,179.64 x 365 x 13.00%	$ 103,423.92	$ 11,376.63	$ 114,800.55
$ 2,179.64 x 365 x 2.450% x 20.5	$ 399,574.33	$ 43,953.18	$ 443,527.51
Cuantía Anual de Pensión de Vejez		$ 558,328.05
Cuantía Anual de Cesantía 63 años 75%		$ 418,746.04
Asignaciones Familiares 15%		$ 62,811.91
Pensión Anual de Cesantía con Asignaciones Familiares		$ 481,557.95
Pensión Mensual de Cesantía		$ 40,129.83

Ahora bien, si en lugar del ejemplo de una pensión de cesantía, lo hacemos con una pensión por vejez de una persona de 65 años o más, que tiene la misma situación en cuanto salario promedio y semanas cotizadas que el pensionado por cesantía, aun cuando la pensión de vejez es mayor que de la de cesantía, porque recibe el 100 % de la cuantía básica, además de los incrementos anuales a la pensión de conformidad del procedimiento de cálculo del artículo 167 reformado de la ley de 1973, en correlación con lo establecido por el artículo 171 del mismo ordenamiento legal, el importe mensual de dicha pensión de vejez, la cual no alcanza el 100 % del último salario tope de los 25 UMAS, que fue de $ 2,179.64 y que le daría una percepción mensual neta de $ 65,389.20 que es aún mayor a la pensión mensual de vejez que en este caso sería de $ 53,506.44, independientemente de que esta pensión sería ajustada por aplicación del artículo 169 al rebasar el 100 % de su salario promedio, al tener mucho más de las 1,560 semanas considera-das en este ejemplo y dos o más beneficiarios hijos adicionales a su esposa ya registrada, lo que le daría aritméticamente más incrementos a la cuantía de la pensión.

Tabla 25. DATOS BÁSICOS PARA EL CÁLCULO DE PENSIÓN

Salario Promedio	UMA	Factor	Cuantía Básica	% de incremento	Semanas Cotizadas	N° de incrementos
$ 2,179.64	$ 96.22	22.65	13.00%	2.450%	1560	20.5

FÓRMULA DE CÁLCULO
(ART. 167 REFORMADO DE LA LEY DE 1973)

	Más 11%	Total Anual
$ 2,179.64 x 365 x 13.00%	$ 103,423.92	$ 11,376.63	$ 114,800.55
$ 2,179.64 x 365 x 2.450% x 20.5	$ 399,574.33	$ 43,953.18	$ 443,527.51
Cuantía Anual de Pensión de Vejez		$ 558,328.05
Asignaciones Familiares 15%		$ 83,749.21
Pensión Anual de Vejez con Asignaciones Familiares		$ 642,077.26
Pensión Mensual de Vejez		$ 53,506.44

En conclusión ninguna persona que haya cotizado siempre, o por lo menos durante los últimos cinco años, con el límite superior de los 25 salarios mínimos, actualmente UMAS, va a recibir una pensión mensual equivalente a esos 25 UMAS, porque el cálculo de una pensión no es tan simple como muchas personas lo realizan, multiplicando su último salario por treinta días y agregándole los porcentajes por la edad del pensionado y las asignaciones familiares; el procedimiento de cálculo que establece el artículo 167 de la ley de 1973, tiene una metodología de cálculo muy distinta y ninguna pensión mensual, ya sea de invalidez, vejez, o cesantía en edad avanzada, va a alcanzar a los 25 UMAS, en su percepción mensual, lo que se puede comprobar fácilmente al dividir la pensión mensual entre los treinta días del mes, para obtener el pago por día, cuyo importe va a ser mucho menor que el último salario tope que percibió el asegurado antes de pensionarse.

La famosa modalidad 40

La continuación voluntaria en el régimen obligatorio del Seguro Social, conocida como la modalidad 40, es una opción que los asegurados tienen, cuando son dados de baja por su patrón, de seguir cotizando voluntariamente, con el objetivo de seguir avanzado en sus cotizaciones, para asegurarse de tener una pensión mensual en un futuro, e inclusive de mejorar dicha pensión con aportaciones de salarios superiores al mínimo; esta opción ya existía desde la ley promulgada y publicada en el diario oficial de la federación el 12 de marzo de 1973, pero en forma distinta a la actual ley publicada el 21 de diciembre de 1995, ya que la ley de 1973, en su artículo 194 establecía que: los asegurados con un mínimo de cincuenta y dos cotizaciones semanales acreditadas en el régimen obligatorio, al ser dado de baja tienen el derecho a continuar voluntariamente en el mismo, bien sea en los seguros conjuntos de enfermedades y maternidad, así como de invalidez, vejez, cesantía en edad avanzada y muerte o bien en cualquiera de ambos a su elección, pudiendo quedar inscrito en el grupo de salario a que pertenecía en el momento de la baja, o en el grupo inmediato inferior o superior.

Yo recuerdo cómo se llevaban a cabo las inscripciones de la continuación voluntaria al régimen obligatorio con la ley de 1973, las cuales estaban divididas en tres modalidades de aseguramiento, una de ellas era la modalidad 16, donde cotizaban tanto para los seguros de enfermedades y maternidad, como para los de invalidez, vejez, cesantía en edad avanzada y muerte, así que en esta modalidad 16, no solo se tenía derecho a la atención médica, sino también a seguir cotizando para asegurar una pensión a futuro del asegurado y de sus beneficiarios legales en caso de muerte del asegurado, la otra modalidad era la 20 que únicamente la contrataban para el seguro de enfermedades y maternidad, donde únicamente se tenía derecho a la atención médica y la modalidad 21 para los seguros de invalidez, vejez, cesantía en edad avanzada y muerte, para seguir cotizando para asegurar o mejorar una pensión a futuro; el requisito que establecía la ley de 1973 en su artículo 194, para tener derecho a registrarse en la continuación voluntaria, era que el asegurado tuviera un mínimo de cincuenta y dos semanas en el régimen obligatorio y a la vez este derecho se perdía de conformidad con el artículo 195, si el asegurado no ejercía este derecho, mediante solicitud por escrito en un plazo de doce meses a partir de la fecha de su baja.

Cuando entró en vigor la nueva ley del Seguro Social el 01 de julio de 1997, este tipo de contratación cambió, porque aunque el artículo 218 de esta ley siguió teniendo como requisito, que el asegurado tuviera un mínimo de cincuenta y dos semanas, a partir de su fecha de baja en el régimen ordinario y que la contratación se realizara en un plazo de doce meses a partir de la baja del asegurado, esta inscripción solo es para los seguros de invalidez y vida, así como de retiro, cesantía en edad avanzada y vejez, quedando excluido el seguro de enfermedades y maternidad para la atención médica, el cual se tiene que contratar por separado, si así lo desea el asegurado, previo cumplimiento de requisitos legales, por medio del seguro de salud para la familia, conocido como la modalidad 33; posteriormente con las reformas a la ley publicadas en el diario oficial de la federación el 20 de diciembre del 2001, el requisito para registrarse en la continuación voluntaria al régimen obligatorio del seguro social, se amplió de cincuenta y dos semanas a cinco años a partir de la fecha de baja.

Esta reforma, representa una mayor ventaja para los asegurados que cuentan con un plazo más amplio para la contratación de este seguro y a su vez un mayor margen de retroactividad, en caso de así desearlo, aunque por supuesto tendrían que pagar los recargos moratorios y la actualización por las mensualidades pagadas fuera del plazo oportuno de pago; son muchas las personas que se interesan por contratar y pagar la modalidad 40, porque ello les representa en muchos casos asegurar su pensión y en otros casos además de asegurar su pensión, mejorarla con aportaciones de salarios altos, a veces con el pago del salario tope de los 25 UMAS, pero para esto hay que estar bien informado del procedimiento de cálculo de una pensión, para que este pago les resulte benéfico y no se lleven la sorpresa como sucede en muchos casos, en que personas mal informadas con esta modalidad de aseguramiento, con muy pocas semanas de cotización y una edad ya avanzada que han contratado la modalidad 40 y a la hora de recibir la pensión se quedan desilusionadas por todo el gasto que realizaron, para al final obtener una pensión muy baja; en razón de esta situación, les voy a mencionar algunos casos reales de la contratación de la modalidad 40, de los cuales he tenido conocimiento y que pueden ser de gran utilidad, para quienes pretendan registrarse ante el Seguro Social en esta modalidad de aseguramiento.

Un primer caso muy relevante en el que me tocó asesorar a un amigo mío, que ha sido mi mecánico de siempre y que en un principio trabajó por varios años como jefe de servicio en una agencia automotriz, pero posteriormente puso un taller en sociedad con una refaccionaria, cuyo dueño lo tenía registrado como trabajador, por supuesto con el salario mínimo, como desafortunadamente hacen la gran mayoría de los patrones para pagar lo menos posible de cuotas obrero patronales al Seguro Social; cuando este amigo mío me externó su deseo de tener una buena pensión para asegurar una vejez digna, como en ese tiempo él tenía 51 años de edad, siendo su fecha de nacimiento el 01 de septiembre del año de 1957, yo le aconsejé que siguiera así como estaba aunque sea con el salario mínimo, pero que me avisara cuando ya fuera a cumplir los 55 años de edad, para entonces si registrarse en la modalidad 40, tomando en cuenta que para determinar el importe de una pensión mensual de cesantía en edad avanzada, la cual iba a ser el tipo de pensión que iba a recibir al cumplir los 60 años de edad, el artículo 167 de la ley de 1973 toma en cuenta el salario promedio de las últimas doscientas cincuenta semanas de cotización, que prácticamente son cinco años.

Así pues, en año 2012 en que mi amigo iba a cumplir los 55 años de edad, en una constancia de semanas cotizadas expedida por el Seguro Social con fecha 01 de junio del 2012, tenía 1,406 semanas de cotización y estaba registrado con un salario de $ 68.30, fue ahí donde yo le asesoré sobre las medidas que tenía que tomar para registrarse en la modalidad 40, por lo que él tomó la decisión de trabajar en forma independiente como mecánico y registrarse en la modalidad 40 en mes de septiembre del 2012, con el salario tope de ese año de $ 1,558.25, pagando al Seguro Social $ 4,866.80 cada mes, tomando en cuenta los meses de 31 días, por supuesto en los meses de 30 días pagaba un poco menos que esa cantidad, el pronóstico que yo le hice, es que al finalizar sus pagos en el mes de agosto del 2017, fecha en que solicitó al Seguro Social, su baja de la modalidad 40, su pensión mensual iba a ser para esa fecha de $ 36,941.39, tomando en cuenta que sus asignaciones familiares, iban a representar un 35 %, porque a la fecha de inicio de su pensión, iba a tener registrada a su esposa y dos hijos todavía estudiando; así que siguiendo mis indicaciones mi amigo, tramitó su baja de la modalidad 40 a partir del 31 de agosto del 2017 y solicitó su pensión el día 04 de septiembre del 2012, habiendo recibido su resolución de la pensión por cesantía en edad avanzada el día 12 de septiembre del 2017, con fecha de inicio del derecho a partir del 01 de septiembre del 2017, fecha en que él cumplió los 60 años de edad y la pensión mensual que él empezó a recibir fue de $ 36,941.39, exactamente como el pronóstico que yo le realicé cinco años atrás, lo que no resultó complicado, porque si una persona paga la modalidad 40 con un mismo salario durante cinco años, ese mismo salario va a ser su salario promedio para determinar el importe mensual de su pensión; la única diferencia que hubo entre el pronóstico que yo le realicé y su resolución de pensión, es que yo le calculé que a la fecha de su baja, él iba a tener 1,679 semanas reconocidas y el sistema le otorgó 1,680 semanas de cotización, solo una semana de diferencia.

Tabla 26. DATOS BÁSICOS PARA EL CÁLCULO DE PENSIÓN

Salario Promedio	UMA	Factor	Cuantía Básica	% de incremento	Semanas Cotizadas	N° de incrementos
$ 1,558.25	$ 62.33	25.00	13.00%	2.450%	1680	23

FÓRMULA DE CÁLCULO
(ART. 167 REFORMADO DE LA LEY DE 1973)

				Más 11%	Total Anual
$ 1,558.25 x 365 x 13.00%			$ 73,938.96	$ 8,133.29	$ 82,072.25
$ 1,558.25 x 365 x 2.450% x 23			$ 320,496.96	$ 35,254.67	$ 355,751.63
Cuantía Anual de Pensión de Vejez					$ 437,823.88
Cuantía Anual de Cesantía 60 años 75%					$ 328,367.91
Asignaciones Familiares 35%					$ 114,928.77
Pensión Anual de Cesantía con Asignaciones Familiares					$ 443,296.68
Pensión Mensual de Cesantía					$ 36,941.39

CONTINUACIÓN VOLUNTARIA AL RÉGIMEN OBLIGATORIO	
RAMO DE SEGURO	% SALARIO BASE DE COTIZACIÓN
INVALIDEZ Y VIDA	2.375%
RETIRO	2.000%
CESANTÍA Y VEJEZ	4.275%
GASTOS MÉDICOS A PENSIONADOS	1.425%
TOTAL	10.075%

Pago de Continuación Voluntaria

Salario		Días		N° de incrementos
$ 1,558.25	x	31	=	$ 48,305.75
$ 48,305.75	x	10.075%	=	$ 4,866.80

Este es un caso exitoso de alguien que se registró en la modalidad 40, con la debida anticipación de acuerdo a la edad que tenía cuando realizó este movimiento, porque si multiplicamos de manera global los 60 pagos mensuales de $ 4,866.80 que cubrió durante cinco años, dichos pagos hacen un total de $ 292,008.00, los que divididos entre los $ 36,941.39 mensuales que empezó a recibir de la pensión que le fue otorgada, el resultado es 7.90, o sea que le bastaron ocho meses para recuperar el dinero que invirtió, lo que un banco jamás le hubiera otorgado como rendimiento en una cuenta de ahorros, por esa cantidad que él invirtió en la modalidad 40, independientemente de esta situación, el 2.00 % por concepto del seguro de retiro que pagó en cada una de las 60 mensualidades, se fue a su cuenta individual de la Afore, lo que al pensionarse recuperó con los rendimientos correspondientes.

Otros casos exitosos recientes que por fortuna conozco, son los de varios choferes de una línea de autobuses de mucho prestigio en el país, que fueron liquidados por la empresa antes de cumplir los sesenta años de edad, por lo que varios de ellos tomaron la decisión de ir a trabajar como conductores de tráileres a los Estados Unidos, donde hay muchas oportunidades para esta clase de trabajadores del volante, por ser personas muy experimentadas; así que estas personas están aprovechando los muy buenos salarios que ganan en Estados Unidos, para pagar la continuación voluntaria los años que les restan para cumplir los sesenta años y lograr tener una pensión muy alta, la que en muchos de los casos, rebasan los cuarenta mil pesos mensuales.

Es muy importante hacer la aclaración, que la contratación de la continuación voluntaria al régimen obligatorio del seguro social, conocida como la modalidad 40, no necesariamente se tiene que hacer al tener el asegurado los cincuenta y cinco años, como el primer caso que comenté en este capítulo, pues hay muchos casos de personas que quedan privados de trabajo remunerado, al ser dados de baja por su patrón, faltándoles dos o tres años para cumplir los sesenta años de edad y aunque de acuerdo a las semanas que tienen cotizadas, tienen asegurada su pensión de cesantía en edad avanzada, por la conservación de derechos que establece el artículo 182 de la ley de 1973, deciden pagar la modalidad 40 por los años restantes, con un salario que les garantice una mejor pensión de la que ya tienen asegurada, a sabiendas de que el dinero que van a invertir, es recuperable a corto plazo; también he conocido casos de personas de más de sesenta años, que pertenecen a la ley de 1973, que durante varios años no cotizaron como asegurados, por lo que no tienen las semanas suficientes para tener derecho a la pensión y las han complementado por medio de la contratación de la modalidad 40, o aun teniendo las semanas suficientes para tener derecho a la pensión, han contratado esta modalidad, para mejorar su pensión mensual.

también he tenido conocimiento de casos de mujeres jóvenes que pertenecen a la ley del Seguro Social de 1973 y que empezaron a laborar desde muy temprana edad en instituciones bancarias, así como en otras empresas, pero que al contraer matrimonio han dejado de trabajar para dedicarse a labores del hogar y que para no perder sus derechos, han optado por la modalidad 40, en muchas de las ocasiones con salarios bajos, solo para mantener vigentes sus derechos, con miras a incrementar su salario de cotización en un futuro, cuando este salario sirva para determinar el salario promedio, de las últimas doscientas cincuenta semanas de cotización, que es el que se va a tomar en cuenta, para calcular el importe mensual de la pensión.

Es importante mencionar que La modalidad 40, la cual comprende los seguros de invalidez y vida, retiro, cesantía y vejez, así como gastos médicos a pensionados, desde sus inicios y durante muchos años, hasta el año 2022, los asegurados que registraban en dicha modalidad, pagaban el 10.075 % del salario en que se registraban ante el Seguro Social; sin embargo, a raíz de posteriores reformas a la ley, a partir del 01 de enero del

2023, este porcentaje se incrementó al 11.166 %, por lo que una persona registrada en la modalidad 40 con un salario de $ 1,000.00 que antes de las reformas citadas pagaba mensualmente $ 3,123.25, a partir del 01 de enero del 2023, empezó a pagar por ese mismo salario de $ 1,000.00, una cuota mensual de $ 3,461.46 y en los años subsecuentes, seguirá incrementando su pago mensual, hasta el año 2030, en que el porcentaje de los seguros que comprende la modalidad 40, representaran el 18.800 % mensual del salario que elija la persona que lo contrate; estos incrementos anuales, representan una mayor dificultad para las personas que quieren mejorar su pensión, no solo porque ahora sus pagos van a ser más altos, sino porque el tiempo de recuperación de la inversión, va a ser más largo, si retomamos el primer caso que puse como ejemplo, de la persona que durante cinco años estuvo pagando a partir del año 2012 y hasta el 2017, con el salario tope de $ 1,558.25 y que mensualmente pagó $ 4,866.80 durante todo el periodo, a partir del año 2030 con ese mismo salario $ 1,558.25 pagaría mensualmente $ 9,081.48 y la inversión total por los cinco años de aseguramiento sería de $ 544,888.80, para obtener la misma pensión mensual de $ 36,941.39, porque el procedimiento de cálculo para pensiones bajo el régimen de la ley de 1973, va a ser el mismo de conformidad con el artículo 167 de dicha ley, por supuesto el tiempo de recuperación del dinero invertido, se incrementaría de 8 a 15 meses, no obstante la modalidad 40 siempre va a ser una buena opción para asegurar o mejorar una pensión. A continuación, voy a poner un ejemplo con un salario de $ 1,000 y meses de 31 días, de cómo irá aumentando la aportación mensual de la modalidad 40 a partir del año 2023 y hasta el año 2030, en que terminará con un porcentaje del 18.800 %, por supuesto que para determinar la cantidad mensual a pagar, se multiplica el salario de $ 1000 por los 31 días del mes, obteniendo como resultado $ 31,000, los que multiplicados el 10.075 % hasta el 2022, dan como resultado un pago mensual de $ 3,123.25 y así sucesivamente hasta el 2028, en el porcentaje de pago será del 18.800%.

Tabla 27.

Pago mensual de la modalidad 40			
Año	Salario	Porcentaje	Pago mensual
2022	$ 1,000	10.075 %	$ 3,123.25
2023	$ 1,000	11.166 %	$ 3,461.46
2024	$ 1,000	12.256 %	$ 3,799.36
2025	$ 1,000	13.347 %	$ 4,137.57
2026	$ 1,000	14.438 %	$ 4,475.78
2027	$ 1,000	15.528 %	$ 4,813.68
2028	$ 1,000	16.619 %	$ 5,151.89
2029	$ 1,000	17.709 %	$ 5,489.79
2030	$ 1,000	18.800 %	$ 5,828.00

La Ley del Seguro Social de 1997

La ley del Seguro Social de 1997, fue publicada en el diario oficial de la federación del 21 de diciembre de 1995 y en su artículo primero transitorio, quedó establecido que esta ley entraría en vigor en toda la república el primero de enero de 1997; sin embargo, no fue así, ya que su entrada en vigor se difirió hasta el primero de julio de 1997, los argumentos que en ese entonces se dieron justificando su diferimiento, fue que se iba a cambiar el número de seguridad social, por la clave única de registro poblacional de los trabajadores, conocida como CURP, lo que hasta la fecha no ha sucedido, a pesar de que posteriormente en el artículo cuarto transitorio de las reformas a la ley publicadas en el diario oficial de la federación el 20 de diciembre del 2001, se estableció que el instituto, iba a sustituir el número de seguridad social, por el de la clave única de registro de población, dentro de un plazo de tres años a partir de la entrada en vigor de este decreto; otro de los motivos de ese diferimiento, en opinión de algunas personas, se debió a la inclusión de las Administradoras de fondos para el retiro, conocidas comúnmente como Afores, ya que estas tenían que efectuar el registro de todos los trabajadores afiliados al Seguro Social, actividad que se fue llevando poco a poco, por su magnitud, no obstante la gran publicidad que se dio a esta actividad.

Antes de que se promulgara la nueva ley del Seguro Social de 1997, se hablaba mucho en los medios de difusión, de la situación económica difícil por la que estaba atravesando el Instituto Mexicano del Seguro Social, a mí me impactó mucho la publicación de una revista de circulación nacional, donde en su portada principal, representaron al Seguro Social como un edificio al bordo de un precipicio y en su interior se hablaba de que el Seguro Social estaba en terapia intensiva, debido a esto nuestros gobernantes en ese tiempo, manejaron como solución a la problemática existente, la promulgación de una nueva ley, para evitar según los pronósticos de los analistas experimentados en materia de seguridad social, que en año 2004 la institución estuviera en quiebra.

En el mes de diciembre del año de 1995, cuando se promulgó la nueva ley del Seguro Social, yo ya era jefe del departamento de prestaciones económicas en una subdelegación del norte del estado de Veracruz y en aquel entonces todo el cuerpo de gobierno nos dimos a la tarea de analizar la nueva ley, comparando sus diferentes prestaciones con la ley de 1973, cuya vigencia terminaba el 30 de junio de 1997, así que todos los integrantes del cuerpo de gobierno opinábamos que iba a haber una gran diferencia con esta nueva ley, con respecto a las prestaciones económicas, principalmente en materia de pensiones, de invalidez, vejez, cesantía en edad avanzada y por la muerte de asegurados y pensionados, cuyos beneficiarios iban a recibir pensiones menores, que las otorgadas bajo el régimen de la ley de 1973. Así que varios de nuestros compañeros de trabajo, tuvieron la precaución de afiliar a sus hijos al Seguro Social como trabajadores, procurando que cotizaran aunque sea poco tiempo con algún patrón, para asegurar que con el tiempo y el requisito de edad, pudieran obtener una pensión bajo el régimen de la ley de 1973, lamentablemente yo con todos los conocimientos que tenía en materia de pensiones, no pude hacer lo mismo que los demás compañeros, porque mi hija mayor apenas tenía nueve años de edad. Lo que más nos preocupaba del nuevo sistema de pensiones, era que el tiempo de espera para las pensiones de cesantía en edad avanzada y vejez, había aumentado de quinientas a mil doscientas cincuenta semanas de cotización, lo por experiencia sabíamos que esa cifra iba a ser inalcanzable para muchos trabajadores, sobre todo para aquellos que laboraban en la industria de la construcción, así como también el hecho de que las pensiones las iba a pagar una aseguradora privada a cargo de un banco, la cual le iba a pagar al pensionado una renta vitalicia, a cambio de los recursos de su cuenta individual registrados en su afore.

Cuando se generaron las primeras solicitudes de pensión por cesantía en edad avanzada o vejez, a partir del 01 de julio de 1997, observábamos que el sistema de pensiones del Seguro Social, a todos los asegurados que no llegaban a cumplir las mil doscientas cincuenta semanas de cotización, se les otorgaba la resolución de pensión en forma directa bajo el régimen de la ley de 1973, pero a los que tenían como mínimo las mil doscientas cincuenta semanas o más, ya se les daba a firmar un documento de elección de régimen, previo a la resolución de la pensión, donde el trabajador tenía la opción de elegir el sistema de pensiones que más le convenía, con fundamento en los artículos tercero y cuarto transitorios de la ley del seguro social de 1997; obviamente los trabajadores elegían pensionarse bajo el régimen de la ley del Seguro Social de 1973, porque era la que más le convenía, por ser una pensión más alta que la de la ley de 1997 y porque recibían más recursos de su cuenta individual de la administradora de fondos para el retiro.

Este procedimiento de dar a elegir a los trabajadores entre la ley de 1973 y 1997, se ha seguido llevando a cabo y así seguirá hasta que con el transcurso de los años, ya no haya asegurados que se hayan afiliado y empezado a cotizar, hasta antes del 01 de julio de 1997, a diferencia de que a partir de las reformas a la ley publicadas en el diario oficial de la federación el 16 de diciembre del 2020, que entraron en vigor a partir del 01 de enero del 2021, el tiempo de espera para tener derecho a las pensiones de cesantía en edad avanzada y vejez, se redujo a mil semanas de cotización, estableciéndose en el artículo cuarto transitorio de esta reformas, que a partir del 01 de enero del 2021, para obtener los beneficios señalados en los artículos

154 y 162, así como para el cálculo de la pensión garantizada prevista en el artículo 170 de la ley, el tiempo de espera será de setecientas cincuenta semanas de cotización y se incrementarán anualmente veinticinco semanas, hasta alcanzar en el año 2031, las establecidas en dichos preceptos.

Yo nunca entendí, ni le encontré congruencia a la mensualidad de pensión que se le ofrecía al asegurado, como pensión mensual bajo el régimen de la ley de 1997, en el momento en que tenía que elegir entre los beneficios de la ley de 1973 y 1997, para dar un ejemplo de esta incongruencia voy a mencionar tres casos diferentes de personas que se pensionaron en el año 2020, antes de las reformas publicadas en el diario oficial de la federación el 16 de diciembre del 2020; el primero de ellos es de una persona que se pensionó por cesantía en edad avanzada, con el 100 % de la pensión que le hubiera correspondido por vejez, en virtud de haber iniciado su derecho a partir de su baja, cuando ya sobrepasaba los seis meses después de los sesenta y cuatro años, esta persona tenía 2,191 semanas de cotización, un salario promedio de las últimas doscientas cincuenta semanas de cotización de $ 1,191.17 y a su esposa como única beneficiaria, pues bien a esta persona el sistema de pensiones del Seguro Social, le ofreció como pensión mensual bajo el régimen de la ley de 1973 de $ 40,216.89, ya con aplicación del artículo 169 de dicha ley, por haber rebasado aritméticamente el tope máximo y bajo el régimen de la ley de 1997, le ofreció una pensión mensual de $ 3,289.34; el segundo de los casos, es el de una persona que se pensionó a partir del 17 de agosto del 2020, por cesantía en edad avanzada, con el 90 % de la cuantía que le hubiera correspondido en caso de vejez, por tener sesenta y tres años de edad, con 1,656 semanas de cotización, con un salario promedio de las últimas doscientas cincuenta semanas de cotización de $ 768.02, sin registrar beneficiarios en su pensión, por lo que obtuvo un 15 % adicional a su cuantía básica como ayuda asistencial, al que el sistema de pensiones del Seguro Social le ofreció una pensión mensual bajo el régimen de la ley de 1973 de $ 17,954.51 y bajo el régimen de la ley de 1997, le ofreció una pensión mensual de $ 3,289.34; el tercer caso es el de una persona de sexo femenino, que se pensionó a partir del 12 de diciembre del 2020, con sesenta años de edad, por lo que la cuantía mensual de su pensión fue del 75 % de la que le hubiera correspondido en caso de vejez, con 1,681 semanas de cotización y un salario promedio de las últimas doscientas cincuenta semanas de cotización de $ 493.76, sin haber registrado beneficiarios, por lo que se le otorgó un 15 % como ayuda asistencial, al que el sistema de pensiones del Seguro Social le ofreció a la fecha de inicio de su derecho, una pensión mensual bajo el régimen de la ley de 1973 de $ 10,470.65 y bajo el régimen de la ley del Seguro Social del 1997, una pensión mensual de $ 3,289.34, igual que al primer y segundo caso.

Como se puede observar, a los tres casos anteriormente mencionados, el sistema de pensiones de del Seguro Social, les ofreció diferente pensión mensual, bajo el régimen de la ley de 1973, lo que resulta congruente por las diferentes condiciones de cada asegurado, con respecto a la edad, semanas cotizadas, salario promedio y asignaciones familiares, o ayuda asistencial, pero resulta totalmente incongruente que el sistema de pensiones del Seguro Social, les ofrezca la misma pensión mensual de $ 3,289.34, bajo el régimen de la ley de 1997, a estos asegurados, no importando la gran diferencia que existe entre los tres, en edad, Semanas de cotización, salario promedio y sobre todo que los saldos de las cuentas individuales de las Afores de cada uno de ellos son diferentes, ya que el primer caso además de su pensión mensual recibió $ 528,694.82 por concepto de SAR 92-97 y VIVIENDA 92-97, el segundo de los casos recibió por los mismos conceptos además de su pensión mensual, la cantidad de $ 520,930.78 y el tercer caso recibió además de su pensión mensual la cantidad de $ 89,494.41, por los mismos conceptos de su cuenta individual de la Afore, que los dos casos anteriores.

Si el sistema de pensiones bajo el régimen de la ley de 1997, ofrecía menores pensiones que bajo el régimen de la ley de 1973, resulta obvio que todos los asegurados al momento de pensionarse iban a elegir el sistema de pensiones de la ley de 1973; ahora bien con las nuevas reformas a la ley, publicadas en el diario oficial de la federación el 16 de diciembre del 2020, que entraron en vigor a partir del 01 de enero del 2021, se modificó el artículo 170 de la ley de la ley original publicada en el diario oficial de la federación el 21 de diciembre de 1995, incluyendo en este artículo una tabla que establece la pensión mínima garantizada, que el estado asegura a quienes tienen sesenta años o más, la cual según esta tabla, es distinta para cada asegurado, con relación a su edad, salario promedio medido en UMAS y el número de semanas cotizadas que tenga el asegurado a la fecha de inicio de la pensión de que se trate, ya sea de cesantía en edad avanzada o vejez.

Pues bien, en mi opinión personal, esta tabla incluida en el artículo 170 de la ley, está muy mal elaborada, en primer lugar con respecto a las semanas de cotización establecidas en la misma, que son de 1,000 1,025 1050 1,075 1,100 1,125 1,150 1,175 1,200 1,225 y 1,250 o más, porque cuando un pensionado tiene una cantidad de semanas que queda en medio de estas cifras, no se sabe con precisión en que cifra colocarlo, pues ya me ha tocado ver casos donde colocan al asegurado en un rango totalmente distinto al que le correspondería de acuerdo a sus semanas cotizadas; resultaría mejor que esta tabla hubiera sido elaborada con rangos entre un número de semanas a otro, para no dejar espacios entre una cantidad a otra, por lo que sería más preciso hacer la designación, por ejemplo de 1,000 a 1,050 de 1,051 a 1,100 de 1,101 a 1,151 y así sucesivamente.

Otra de las incongruencias de esta tabla que establece la pensión mínima garantizada, es con relación a los diferentes rangos con respecto a los UMAS, ya que esta tabla que establece los diferentes montos de las pensiones, se creó con motivo de las reformas a la ley publicadas el 16 de diciembre del 2020, la cual inició su vigencia a partir del 01 de enero del 2021 y por ley se va a actualizar a partir del 01 de febrero de cada año conforme al índice nacional de precios al consumidor, por lo que su primera actualización la tuvo a partir del 01 de febrero del 2021, con el 3.15 %, posteriormente en el año 2022 con el 7.36 %, en el 2023 con el 7.82 %, en el año 2024 con el 4.66 %, y en el 2025 con el 4.21 %, pues bien para demostrar la gran diferencia que existe en el otorgamiento de pensiones conforme a La ley de 1973, con relación a las otorgadas bajo el régimen de la ley de 1997, a continuación voy a comentar cuatro casos de personas que se pensionaron durante el año 2022, por cesantía en edad avanzada y que para determinar la pensión mensual de ley bajo la ley de 1997, se utilizó la siguiente tabla.

Tabla 28. PENSIÓN GARANTIZADA DE LEY 97 AÑO 2022

Salario Base de Cotizacion	Edad	1000	1025	1050	1075	1100
		Semanas de Cotización				
		Pensión garantizada mensual en pesos				
1 SM* a 1.99 UMA**	60	2903.65	3007.75	3110.74	3214.84	3318.93
	61	2945.73	3048.72	3152.82	3256.92	3359.91
	62	2986.71	3090.80	3193.79	3297.89	3401.99
	63	3027.68	3131.78	3313.40	6661.12	3442.96
	64	3069.76	3173.86	3276.85	3380.95	3485.05
	65+	3110.74	3214.84	3318.93	3421.92	3526.02
2.0 a 2.99 UMA	60	3775.19	3909.19	4044.29	4179.40	4314.50
	61	3828.35	3963.45	4098.56	4233.66	4367.66
	62	3882.61	4017.71	4152.82	4286.82	4421.92
	63	3936.87	4071.98	4205.98	4341.08	4476.19
	64	3991.14	4125.13	4260.24	4395.34	4530.45
	65+	4044.29	4179.40	4314.50	4448.50	4583.60
3.0 a 3.99 UMA	60	4645.62	4811.73	4977.85	5143.96	5310.07
	61	4712.07	4878.18	5044.29	5210.40	5376.52
	62	4778.51	4944.62	5110.74	5276.85	5442.96
	63	4844.96	5011.07	5177.18	5343.29	5509.41
	64	4911.40	5077.51	5243.63	5409.74	5574.74
	65+	4977.85	5143.96	5310.07	5476.18	5641.19
4.0 a 4.99 UMA	60	5517.16	5714.28	5911.40	6108.52	6305.64
	61	5595.79	5792.91	5990.03	6187.15	6384.27
	62	5674.41	5871.53	6068.65	6265.77	6462.89
	63	5754.15	5950.16	6147.28	6344.40	6541.52
	64	5832.77	6029.89	6227.01	6424.13	6620.15
	65+	5911.40	6108.52	6305.64	6502.76	6699.88
5.0 UMA en adelante	60	6388.70	6616.82	6844.95	7073.08	7301.21
	61	6479.51	6707.63	6935.76	7163.89	7392.02
	62	6570.31	6799.55	7027.68	7255.81	7483.93
	63	6662.23	6890.36	7118.49	7346.61	7574.74
	64	6753.04	6981.17	7209.29	7437.42	7665.55
	65+	6844.95	7073.08	7301.21	7529.34	7757.47

Tabla 28 (CONTINUACIÓN). **PENSIÓN GARANTIZADA DE LEY 97 AÑO 2022**

Salario Base de Cotizacion	Edad	Semanas de Cotización					
		1125	1150	1175	1200	1225	1250 o más
		Pensión garantizada mensual en pesos					
1 SM* a 1.99 UMA**	60	3421.92	3526.02	3630.12	3733.11	3837.20	3941.30
	61	3464.00	3566.99	3671.09	3775.19	3878.18	3982.28
	62	3504.98	3609.08	3713.17	3816.16	3920.26	4024.36
	63	3547.06	3650.05	3754.15	3858.25	3961.24	4065.33
	64	3588.04	3692.13	3795.12	3899.22	4003.32	4106.31
	65+	3630.12	3733.11	3837.20	3941.30	4044.29	4148.39
2.0 a 2.99 UMA	60	4448.50	4583.60	4718.71	4853.81	4987.81	5122.92
	61	4502.76	4637.87	4772.97	4906.97	5042.08	5177.18
	62	4557.03	4692.13	4826.13	4961.23	5096.34	5231.44
	63	4611.29	4745.29	4880.39	5015.50	5150.60	5284.60
	64	4664.45	4799.55	4934.66	5068.65	5203.76	5338.86
	65+	4718.71	4853.81	4987.81	5122.92	5258.02	5393.13
3.0 a 3.99 UMA	60	5476.18	5641.19	5807.30	5973.41	6139.53	6305.64
	61	5542.63	5707.63	5873.75	6039.86	6205.97	6372.09
	62	5607.97	5774.08	5940.19	6106.31	6272.42	6438.53
	63	5674.41	5840.52	6006.64	6172.75	6338.86	6504.98
	64	5740.86	5906.97	6073.08	6239.20	6405.31	6570.31
	65+	5807.30	5973.41	6139.53	6305.64	6471.75	6636.76
4.0 a 4.99 UMA	60	6502.76	6699.88	6897.00	7093.01	7290.14	7487.26
	61	6581.39	6778.51	6975.63	7172.75	7369.87	7565.88
	62	6660.01	6857.13	7054.26	7251.38	7448.50	7645.62
	63	6738.64	6935.76	7132.88	7330.00	7527.12	7724.24
	64	6817.27	7014.39	7211.51	7408.63	7605.75	7802.87
	65+	6897.00	7093.01	7290.14	7487.26	7684.38	7881.50
5.0 UMA en adelante	60	7529.34	7757.47	7985.59	8213.72	8441.85	**8669.97**
	61	7620.15	7848.27	8076.40	8304.53	8532.66	8760.79
	62	7712.06	7940.19	8168.32	8396.45	8624.57	8852.70
	63	7802.87	8031.00	8259.13	8487.25	8715.38	8943.51
	64	4571.42	8121.81	8349.93	8578.06	8807.30	9035.43
	65+	7985.59	8213.72	8441.85	8669.98	8898.11	9126.24

El primero de los casos, es el de un asegurado que se pensionó a partir del 24 de marzo del 2022, fecha en que cumplió los sesenta años de edad y que a la fecha de inicio de su derecho a la pensión, tenía 1,548 semanas cotizadas, un salario promedio de las últimas doscientas cincuenta semanas de cotización de $ 1,752.26 y el 15 % de asignaciones familiares, por haber registrado a su esposa como única beneficiaria; pues bien a este asegurado el sistema de pensiones del IMSS, en el documento de elección de régimen que le notificaron, le dieron a elegir entre una pensión mensual bajo el régimen de la ley de 1973 de $ 31,641.59 y una pensión mensual $ 8,669.97 bajo el régimen de la ley de 1997.

El segundo de los casos es de un asegurado que se pensionó a partir del 30 de junio del 2022, fecha en que cumplió los sesenta años de edad y que a la fecha de inicio de su derecho a la pensión, tenía 1,946 semanas cotizadas, un salario promedio de las últimas doscientas cincuenta semanas de cotización de $ 923.38 y el 15 % de asignaciones familiares, por haber registrado a su esposa como su única beneficiaria; pues bien a este asegurado el sistema de pensiones del IMSS, en el documento de elección de régimen que le notificaron, le dieron a elegir entre una pensión mensual bajo el régimen de la ley de 1973 de $ 21,941.40 y una pensión mensual de $ 8,669.97, bajo el régimen de la ley de 1997.

El tercer caso es el de un asegurado que se pensionó a partir del 31 de enero del 2022, fecha en que cumplió los sesenta años de edad y que a la fecha de inicio de su derecho a la pensión, tenía 1,815 semanas cotizadas, un salario promedio de las últimas doscientas cincuenta semanas de cotización de $ 729.96 y el 15 % de asignaciones familiares, por haber registrado a su esposa como única beneficiaria; pues bien a este asegurado el sistema de pensiones del IMSS, en el documento de elección de régimen que le notificaron, le dieron a elegir entre una pensión mensual bajo el régimen de la ley de 1973 de $ 17,224.17, ya con el incremento del 7.36 % del INPC, a partir del 01 de febrero del 2022 y una pensión mensual de $ 8,669.97, bajo el régimen de la ley de 1997.

El cuarto caso es el de un asegurado que se pensionó a partir del 31 de marzo del 2022, fecha en que fue dado de baja por su patrón, ya con sesenta años cumplidos y que a la fecha de inicio de su derecho a la pensión, tenía 1,554 semanas cotizadas, un salario promedio de las últimas doscientas cincuenta semanas de cotización de $ 676.71 y el 15 % de asignaciones familiares, por haber registrado a su esposa como única beneficiaria; pues bien a este asegurado el sistema de pensiones del IMSS, en el documento de elección de régimen que le notificaron, le dieron a elegir una pensión mensual bajo el régimen de la ley de 1973 de $ 12,459.05 y una pensión mensual de $ 8,669.97, bajo el régimen de la ley de 1997.

Como se puede observar en los cuatro casos anteriormente enunciados, el sistema de pensiones bajo el régimen de la ley de 1973, le ofrece una pensión distinta a cada uno de los pensionados, lo que es congruente con las diferencias que existen entre ellos, con relación a su edad, semanas cotizadas y salarios promedios de sus últimas doscientas cincuenta semanas de cotización y, sin embargo, les ofrece la misma pensión de $ 8,669.97 bajo el régimen de la ley de 1997, solo porque los cuatro casos coinciden en que su salario promedio medido en UMAS, está dentro del rango de 5 UMAS en adelante, no importando que unos casos superan mucho más que otros este rango, lo que resulta incongruente y totalmente desventajoso al compararlo con el sistema de pensiones bajo el régimen de la ley de 1973.

Esta misma situación incongruente, con respecto a las pensiones que el sistema de pensiones del Seguro Social ofrece conforme al régimen de la ley de 1997, a raíz de las reformas a la ley del 16 de diciembre del 2020, es con respecto a tres casos de personas que se pensionaron en año 2023. El primero de ellos es el de una asegurada que se pensionó con sesenta años de edad, con 1,339 semanas de cotización, un salario promedio de $ 797.68 recibiendo un 15.00 % como ayuda asistencial, por no haber registrado beneficiarios con derecho a asignaciones familiares, por lo que el sistema de pensiones del Seguro Social, le ofreció bajo el régimen de la ley de 1973, una pensión mensual de $ 12,125.31 y bajo el régimen de la ley de 1997, una pensión mensual de $ 9,347.96; el segundo de los casos, es también el de una asegurada que se pensionó con sesenta años de edad, con 1,326 semanas de cotización, un salario promedio de las últimas doscientas cincuenta semanas de cotización de $ 1,411.00 y un 15 % de ayuda asistencial, a la que el sistema de pensiones del Seguro Social, le ofreció una pensión mensual bajo el régimen de la ley de 1973 de $ 21,448.22 y bajo el régimen de la ley de 1997 una pensión mensual de $ 9,347.96 y el tercer caso, es el de un asegurado que se pensionó con sesenta años más seis meses, con un total de 1,860 semanas de cotización, un salario promedio de las últimas doscientas cincuenta semanas de cotización de $ 1,786.19 y un 15.00 % de asignaciones familiares, por haber registrado a su esposa como beneficiaria, al que el sistema de pensiones del Seguro Social, le ofreció una pensión mensual bajo el régimen de la ley de 1973 de $ 42,554.49 y bajo el régimen de la ley de 1997, una pensión mensual de $ 9,347.96, igual que los dos casos anteriormente mencionados, lo que resulta totalmente incongruente, ya que el sistema de pensiones de la ley de 1997, no distingue una diferencia entre estos tres casos, que tienen diferente salario promedio, edad y semanas de cotización, lo que sí sucede con el sistema de pensiones bajo el régimen de la ley de 1973, que premia con una mayor pensión a quienes tienes más semanas de cotización, mejores salarios, más edad y más asignaciones familiares.

Tabla 29. PENSIÓN GARANTIZADA DE LEY 97 AÑO 2023

Salario Base de Cotizacion	Edad	Semanas de Cotización				
		1000	1025	1050	1075	1100
		Pensión garantizada mensual en pesos				
1 SM* a 1.99 UMA**	60	3130.72	3242.95	3354.00	3466.24	3578.47
	61	3176.09	3287.13	3399.37	3511.61	3622.65
	62	3220.27	3332.51	3443.55	3555.79	3668.02
	63	3264.45	3376.68	3572.50	7182.02	3712.20
	64	3309.82	3422.06	3533.10	3645.34	3757.58
	65+	3354.00	3466.24	3578.47	3689.52	3801.75
2.0 a 2.99 UMA	60	4070.41	4214.89	4360.56	4506.23	4651.90
	61	4127.72	4273.39	4419.06	4564.73	4709.21
	62	4186.23	4331.90	4477.57	4622.05	4767.72
	63	4244.74	4390.41	4534.88	4680.55	4826.22
	64	4303.24	4447.72	4593.39	4739.06	4884.73
	65+	4360.56	4506.23	4651.90	4796.37	4942.04
3.0 a 3.99 UMA	60	5008.91	5188.01	5367.11	5546.22	5725.32
	61	5080.55	5259.65	5438.75	5617.86	5796.96
	62	5152.19	5331.29	5510.40	5689.50	5868.60
	63	5223.83	5402.93	5582.04	5761.14	5940.24
	64	5295.47	5474.57	5653.68	5832.78	6010.69
	65+	5367.11	5546.22	5725.32	5904.42	6082.33
4.0 a 4.99 UMA	60	5948.60	6161.14	6373.67	6586.21	6798.74
	61	6033.38	6245.91	6458.45	6670.98	6883.52
	62	6118.15	6330.69	6543.22	6755.76	6968.29
	63	6204.12	6415.46	6628.00	6840.53	7053.07
	64	6288.90	6501.43	6713.97	6926.50	7137.84
	65+	6373.67	6586.21	6798.74	7011.28	7223.81
5.0 UMA en adelante	60	6888.29	7134.26	7380.23	7626.20	7872.16
	61	6986.20	7232.17	7478.14	7724.11	7970.07
	62	7084.11	7331.27	7577.24	7823.21	8069.18
	63	7183.22	7429.18	7675.15	7921.12	8167.09
	64	7281.12	7527.09	7773.06	8019.03	8265.00
	65+	7380.23	7626.20	7872.16	8118.13	8364.10

Tabla 29 (CONTINUACIÓN). PENSIÓN GARANTIZADA DE LEY 97 AÑO 2023

Salario Base de Cotización	Edad	Semanas de Cotización					
		1125	1150	1175	1200	1225	1250 o más
		Pensión garantizada mensual en pesos					
1 SM* a 1.99 UMA**	60	3689.52	3801.75	3913.99	4025.04	4137.27	4249.51
	61	3734.89	3845.93	3958.17	4070.41	4181.45	4293.69
	62	3779.07	3891.31	4003.54	4114.59	4226.83	4339.06
	63	3824.44	3935.49	4047.72	4159.96	4271.00	4383.24
	64	3868.62	3980.86	4091.90	4204.14	4316.38	4427.42
	65+	3913.99	4025.04	4137.27	4249.51	4360.56	4472.79
2.0 a 2.99 UMA	60	4796.37	4942.04	5087.71	5233.38	5377.86	5523.53
	61	4854.88	5000.55	5146.22	5290.70	5436.37	5582.04
	62	4913.39	5059.06	5203.53	5349.20	5494.87	5640.54
	63	4971.89	5116.37	5262.04	5407.71	5553.38	5697.86
	64	5029.21	5174.88	5320.55	5465.02	5610.69	5756.36
	65+	5087.71	5233.38	5377.86	5523.53	5669.20	5814.87
3.0 a 3.99 UMA	60	5904.42	6082.33	6261.43	6440.54	6619.64	6798.74
	61	5976.06	6153.97	6333.07	6512.18	6691.28	6870.38
	62	6046.51	6225.61	6404.72	6583.82	6762.92	6942.02
	63	6118.15	6297.25	6476.36	6655.46	6834.56	7013.66
	64	6189.79	6368.89	6548.00	6727.10	6906.20	7084.11
	65+	6261.43	6440.54	6619.64	6798.74	6977.84	7155.75
4.0 a 4.99 UMA	60	7011.28	7223.81	7436.35	7647.69	7860.22	8072.76
	61	7096.05	7308.59	7521.12	7733.66	7946.19	8157.53
	62	7180.83	7393.36	7605.90	7818.43	8030.97	8243.50
	63	7265.60	7478.14	7690.67	7903.21	8115.74	8328.28
	64	7350.38	7562.91	7775.45	7987.98	8200.52	8413.05
	65+	7436.35	7647.69	7860.22	8072.76	8285.29	8497.83
5.0 UMA en adelante	60	8118.13	8364.10	8610.07	8856.04	9102.00	**9347.96**
	61	8216.04	8462.01	8707.98	8953.94	9199.91	9445.88
	62	8315.14	8561.11	8807.08	9053.05	9299.02	9544.98
	63	8413.05	8659.02	8904.99	9150.96	9396.93	9642.89
	64	4928.91	8756.93	9002.90	9248.87	9496.03	9742.00
	65+	8610.07	8856.04	9102.00	9347.97	9593.94	9839.91

*Salario Mínimo.
**Unidad de Medida y Actualización.
El monto de la pensión se actualizará anualmente en el mes de febrero, conforme al Índice Nacional de Precios al Consumidor, para garantizar su poder adquisitivo.

El Seguro Social que me tocó vivir

Cuando yo ingresé al Seguro Social como trabajador suplente en el año de 1973, en los almacenes delegacionales del Seguro Social en la ciudad de Xalapa, capital del estado de Veracruz, cubría las ausencias de trabajadores por vacaciones, permisos o incapacidades y recuerdo muy bien que los trabajadores de base, con los que hice una gran amistad, varios de ellos fueron fundadores que empezaron a trabajar en esa institución desde que inició sus servicios en esa ciudad, me comentaban que yo tenía mucha suerte, porque el Seguro Social me pagaba puntualmente por todos los contratos que me daban, lo que no sucedió con ellos, porque en los inicios de operaciones del Seguro Social en esa ciudad, no siempre les pagaban la totalidad de los días que laboraban y en ocasiones laboraban más de las ocho horas de trabajo, sin pago de tiempo extra.

Durante todo el tiempo que laboré como trabajador suplente, tuve la oportunidad de cubrir ausencias de trabajadores de base, en los diferentes grupos de suministro que existían en ese almacén delegacional, tales como medicamentos, material de curación, laboratorio, papelería y artículos de aseo y era impresionante el tamaño de los almacenes delegacionales, así como la cantidad de suministros que diariamente se recibían por parte de los proveedores, por lo que también diariamente surtíamos los pedidos solicitados por todas las unidades médicas y administrativas de la delegación Veracruz norte y algunas de la delegación Veracruz sur, para tal encomienda, contábamos con tres camiones de caja de ocho toneladas cada uno y una camioneta también de caja de tres toneladas y media para pedidos menores. En muchas ocasiones también me tocó ir por suministros a los almacenes generales del Seguro Social, ubicados por la avenida cien metros en la ciudad de México, en ese entonces, solo iba el chofer manejando el camión y un servidor que se encargaba de verificar los pedidos recibidos de los distintos suministros; así que si los almacenes de suministros ubicados en la ciudad de Xalapa eran muy grandes, estos a su vez, eran muy pequeños, comparados con los almacenes generales del Seguro Social en la ciudad de México, donde un solo almacén de suministro, como medicamentos o material de curación, era más grande que los almacenes generales de la ciudad de Xalapa.

Ya siendo trabajador de base en la categoría de auxiliar de almacén, me tocó trabajar en el área de mobiliario y equipo, donde llegaban los pedidos que hacían las unidades médicas y administrativas y era impresionante la cantidad de mobiliario y equipo médico para los diferentes hospitales, así como mobiliario y equipo administrativo, para las diferentes oficinas que había en toda la delegación, en pocas palabras no había austeridad, porque la situación financiera del Seguro Social era muy sólida y los trabajadores teníamos los recursos necesarios para desarrollar nuestro trabajo.

A mediados del año de 1977, fui enviado al Hospital general de zona No. 24 en la ciudad de Poza Rica, a cubrir un interinato de tres meses de jefe de personal, ahí en ese entonces me di cuenta de que diariamente todas las trabajadoras y trabajadores suplentes, de diferentes categorías se iban a formar afuera de la oficina de personal, para ver qué personal de base había faltado a trabajar ese día en las distintas áreas del hospital y cubrir su ausentismo, así que el ausentismo de los trabajadores de base, se cubría por personal suplente hasta por un solo día, más aún tratándose de ausencias mayores, por permisos, incapacidades y sobre todo por periodos vacacionales.

En el año de 1980, estando como jefe de la oficina de control de abastecimiento en la ciudad de Xalapa, nos tocaba consolidar las requisiciones de los diferentes suministros que se utilizaban en la operación de las diferentes unidades tanto médicas como administrativas de la delegación, tales como medicamentos, material de curación, laboratorio, así como papelería, artículos de escritorio y aseo, además de otros enseres; en ese tiempo era muy satisfactorio ver, como el Seguro Social del nivel central consolidaba las requisiciones de todas las delegaciones del país y fincaba los pedidos a los diferentes proveedores, con programas de entrega a cada delegación, por lo que se recibían los diferentes suministros en forma oportuna, con problemas en algunos casos, pero no relevantes y con respecto a los medicamentos, los proveedores eran empresas de prestigio internacional y los medicamentos que se adquirían, eran todos de patente.

Todo este panorama cambió con la devaluación de nuestra moneda en el año de 1982, donde los precios de los bienes y servicios cambiaban a diario y entonces la situación fue muy distinta, porque aunque las requisiciones de suministros se habían hecho en tiempo y forma, ya los proveedores no cumplían con la entrega de suministros con la misma oportunidad que antes se hacía, porque no le podían sostener los mismos precios al Seguro Social, lo que era comprensible, porque a ellos también les variaban continuamente los insumos para la fabricación de los mismos, generándose por este motivo la falta de entrega oportuna de suministros al Seguro Social y entonces para poder garantizar la operación de nuestras unidades médicas y administrativas, se tenía que optar como una medida de solución, la subrogación de suministros con proveedores locales o regionales, a un precio de mercado mucho mayor, al que en una situación normal los adquiría el Seguro Social.

Con relación a la contratación del personal suplente en las diferentes categorías, también cambió totalmente la situación, tanto en las unidades médicas como administrativas, porque por la situación económica que afectaba al Seguro Social, dejaron de contratarse trabajadores suplentes hasta por menos de tres días y posteriormente solo por ausencias mayores o periodos vacacionales, fue entonces cuando surgieron frases de hacer más con menos, las cuales expresaban continuamente nuestros directivos de mandos superiores.

Yo recuerdo muy bien, al igual que muchas personas de mi generación, la gran devaluación de nuestra moneda en el año de 1982, en que el presidente de la República en ese entonces, anunció la nacionalización de la banca privada y a partir de ahí nuestra moneda valía cada vez menos, con relación al dólar y otras monedas, lo que afectó la operación de las empresas privadas y de las grandes instituciones del país como el seguro social, a tal grado que los grandes patrones que se distinguían por pagar puntualmente las cuotas obrero patronales al IMSS, de plano nos iban a ver para decirnos que en esa ocasión no estaban en posibilidad de pagar sus contribuciones a tiempo, porque ni siquiera tenían los recursos para pagar la nómina de sus trabajadores, ya que a ellos, las empresas de gobierno con quienes tenían contratos de obras y construcción, tampoco les habían pagado oportunamente.

Algo que afectó mucho también la situación financiera del Seguro Social, fue el hecho de que el periodo de conservación de derechos de los asegurados y sus beneficiarios, para recibir atención médica, después de haber sido dados de baja por su patrón, establecido en el artículo 118 de la ley de 1973, se amplió en diversas ocasiones por decreto presidencial de cincuenta y seis días, hasta por seis meses, lo que fue una medida tomada por el gobierno para proteger a los trabajadores que se habían quedado sin trabajo, para extender el beneficio médico a su núcleo familiar, pero esta situación también fue aprovechada por muchos patrones, para dar de baja a sus trabajadores y tener un respiro en el pago de las cuotas obrero patronales, a sabiendas de que el trabajador no se iba a dar cuenta de que estaba dado de baja, si no le negaban el servicio médico.

A raíz de esta situación económica del país, el Seguro Social, cambió radicalmente y los presupuestos de gastos, en los que participábamos todas las áreas operativas de la delegación, se llevaban a cabo con muchas medidas de austeridad, a diferencia de años anteriores, así que nuestros mandos superiores, nos pedían hacer más recortes al presupuesto de gastos, como fuera posible. Yo recuerdo una gráfica de la situación financiera del IMSS, que se publicó a principios del año de 1984, que nos dejó impactados a todo el personal directivo de la subdelegación del Seguro Social a la que yo pertenecía, tan fue así, que decidí sacarle una copia fotostática y la guardé para el recuerdo y en su oportunidad darla a conocer, misma que a continuación voy a representar, con los mismos datos de la copia del documento original, que aún tengo en mi poder.

Estado consolidado de ingresos y gastos (1976-1983)

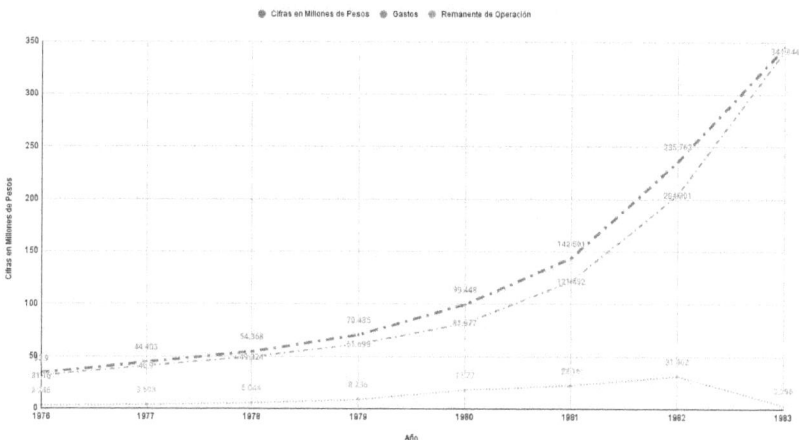

Esta gráfica representa el estado de ingresos y gastos de 1976 a 1983, en ella se puede observar que los ingresos y gastos se iban incrementando cada año, así como el remanente de la operación, que año con año iba creciendo y es tan impresionante ver que en el año de 1982, aun con todo el problema de la gran devaluación de nuestra moneda, el Seguro Social, llegó a tener un remanente entre su total de ingresos y gastos de treinta y uno mil 462 millones de pesos y en el año de 1983, esta cifra descendió a 3 mil 296 millones de pesos, cayendo a un nivel más bajo del que tuvimos en el año de 1977, en el que el remanente entre los ingresos y gastos fue de 3 mil 503 millones de pesos.

Después de la devaluación de 1982, el Seguro Social ya no fue el mismo que en sus años anteriores de bonanza, a mí me tocó participar en la toma de inventarios por inauguración de los hospitales generales de zona de las ciudades de Poza Rica, Martínez de la Torre y Lerdo de Tejada, que se inauguraron a finales de 1976 y principios de 1977 y también a principios de los años ochenta, me tocó ver el crecimiento de los servicios del seguro social en Veracruz Norte, con las nuevas unidades de medicina familiar de Álamo, Cerro Azul, Tamiahua, Saladero, Naranjos-Amatlán, Tantoyuca y Platón Sánchez, así como los hospitales Rurales del programa IMSS COPLAMAR de Papantla y Chicontepec, Veracruz. Esta extensión del régimen y crecimiento del Seguro Social se dio en todos los estados de la república.

Desde mi punto de vista muy particular, lo cual puede ser contrario a la opinión de otras personas, la situación financiera del Seguro Social se vio muy afectada, por ser propietario y patrocinar equipos de futbol, así como con las tiendas para trabajadores que empezaron a prestar sus servicios en los años ochenta, pues eso significó el arrendamiento de inmuebles, la contratación de personal para prestar los servicios, así como la adquisición de suministros y hasta aparatos electrodomésticos, para lo cual no teníamos la experiencia y ni siquiera estábamos preparados para administrar y operar dichas tiendas, que en ocasiones tenían inventarios excesivos muy superiores a la demanda potencial, con el daño que representa una sobrein-versión de ese tipo; debido a esa situación, inspirado en los conocimientos que por fortuna adquirí cuando trabajé en el área de abastecimiento, apliqué un programa de optimización de inventarios y transferimos a otras tiendas, muchos aparatos electrodomésticos de los que teníamos sobre existencia, para sacudirnos una sobreinversión, difícil de vender en un futuro, al ser afectada por los avances tecnológicos de las diferentes marcas, este hecho me valió un reconocimiento en una jun-ta de gobierno, por parte del delegado regional en esa época, quien solicitó se aplicara el mismo programa de optimización de inventarios, en las otras tiendas de la delegación; así pues, el tiempo nos dio la razón a quienes opinaban lo mismo que yo, porque en la actualidad esas tiendas ya no existen, sin olvidar el daño financiero que ocasionaron, más que un beneficio para sus trabajadores, a quienes hubiera sido mejor darles un vale de despensa, para que lo hicieran efectivo, en cualquier tienda de autoservicio autorizada y no distraer recursos que debieron de ser utilizados prioritariamente en las finalidades de la segu-ridad social. Otros de los acontecimientos que en mi opinión personal han afectado la situación financiera del Seguro Social, son los sismos de 1985 y recientemente los del 2017, así como otros fenómenos naturales que han ocurrido en nuestro país, ocasiones en que por decreto presidencial se ha dado la orden de atender en todas las unidades médicas del IMSS a pobla-ción no derechohabiente, lo cual es justo, pero al final de estos eventos se debiera cuantificar en costo de la prestación de estos servicios y reintegrarle al IMSS, los gastos ocasionados en estos acontecimientos.

Mis últimos años de trabajo en el Seguro Social, se caracte-rizaron por tener muchas medidas de austeridad, con muchos recortes presupuestales, tanto materiales, como de personal para la prestación de servicios, situación con la que es muy di-fícil trabajar y cumplir con las metas de los programas institucionales; en la actualidad tengo más de veinte años de jubilado y tengo la satisfacción de decir que yo sí conozco en general, la operación de Seguro Social, por los diferentes puestos que desempeñé y porque en mis inicios como trabajador, tuve la oportunidad de asistir a reuniones, donde las diferentes áreas y servicios hablaban de su misión, objetivos y metas, lo que nos formaba como trabajadores y nos estimulaba a realizar mejor nuestro trabajo, para proveer de los recursos tanto materiales y financieros, a quienes tenían una relación directa con la prestación de servicios a la población derechohabiente; también me queda la satisfacción y gratos recuerdos, por haber participado en las campañas nacionales de vacunación, donde el Seguro Social se distinguía por la oportunidad y eficiencia para llevarlas a cabo, en esas campañas participábamos todos los miembros del cuerpo de gobierno y personal operativo, por supuesto el área médica en forma más directa en la aplicación de vacunas, pero nosotros como personal del área administrativa, teníamos labores de apoyo a los diferentes puestos de vacunación, con reaprovisionamiento de recursos materiales necesarios y hasta agua y alimentos para los vacunadores; así mismo, en varias ocasiones brinde apoyo a los servicios jurídicos, acudiendo a la junta de conciliación y arbitraje, como perito en materia de pensiones, donde colaboré con periciales contables y opiniones técnicas para la atención de demandas laborales en contra del Instituto Mexicano del Seguro Social; también participé en la toma de inventarios anuales, tanto en los almacenes generales del IMSS, como de farmacias en las unidades médicas, en los de la tienda para trabajadores del IMSS y de créditos en mora en el área de tesorería. En la actualidad, solo frecuento a las oficinas administrativas del IMSS cuando tengo que acudir a comprobar supervivencia y por las unidades médicas de la institución, donde, al igual que muchos trabajadores jubilados como yo, somos totalmente desconocidos para los trabajadores activos, así que mejor no voy y, en las pocas ocasiones donde he tenido la necesidad de atención médica, he preferido ir a consulta particular con algún médico jubilado del IMSS, lo cual me garantiza una muy buena atención, dada su gran experiencia.

Es muy triste ver cómo se encuentran en la actualidad nuestras unidades médicas, las que en tiempos pasados tenían los recursos suficientes para su operación y en la actualidad carecen de los recursos necesarios para tal fin, solo basta con ver cómo son exhibidas estas carencias en programas de televisión, donde dan a conocer la falta de funcionamiento de elevadores, la interrupción constante de la energía eléctrica por fallas en el mantenimiento, áreas saturadas de pacientes, así como la falta de medicamentos y de personal para la prestación de servicios a la población derechohabiente.

Fondo de pensiones para el bienestar

La reciente reforma a la ley del seguro social, con la creación del fondo de pensiones para el bienestar, ha causado una gran polémica en todo el país, ya que el grupo opositor al actual gobierno, así como muchos analistas políticos y financieros han calificado como un robo, al hecho de que el gobierno actual, tome los recursos de las cuentas individuales de las Afores, de las personas de 70 años o más, para incrementar las pensiones de las personas que se vayan a pensionar en un futuro al cumplir los 65 años de edad y que hayan empezado a cotizar a partir del 01 de julio de 1997, según el documento de la iniciativa propuesta por la de la comisión de seguridad social y posteriormente aprobado por mayoría de votos, tanto por la cámara de diputados, como la de senadores y que ya fue publicado en el diario oficial de la federación el 30 de abril del 2024; al respecto yo voy a emitir mi opinión personal, con relación a este tema tan polémico.

Yo no voy a calificar lo que pretende el actual gobierno, como un robo a las cuentas individuales de las Afores, pero sí como algo totalmente indebido, porque la ley de 1997 que empezó su vigencia a partir de 01 de julio de 1997, apenas cumplió 28 años el pasado 01 de julio de este año de 2025 y las personas que actualmente tienen 70 años o más, en su gran mayoría, pertenecen a la ley anterior o sea a la ley de 1973, la cual tiene un procedimiento de cálculo para las pensiones de cesantía en edad avanzada y vejez, muy distinto a la ley de 1997 y resulta desde mi opinión muy personal algo totalmente improcedente, porque no se debe tomar el dinero de personas que pertenecen a la legislación anterior, para beneficiar a los que empezaron a cotizar con la ley de 1997, aunado a que si con esta medida se pretende mejorar las pensiones de las personas de 65 años o más, desde mi punto de vista, para que una persona que haya comenzado a cotizar a partir del 01 de julio de 1997, tenga en la actualidad 65 años, se tuvo que haber registrado por primera vez como asegurado a partir del 01 de julio de 1997, teniendo 38 años de edad, lo que no es muy común que una persona inicie su vida laboral a esa edad, aunque no dudo que en el contexto nacional haya algunos casos de 70 años o más que hayan empezado a cotizar a partir del inicio de la vigencia de la ley de 1997, aunque en mi opinión muy personal, serían muy pocos a nivel nacional, además de que no solo deben tener los 65 años para recibir este beneficio, pues deben de cumplir con los tiempos de espera que establece el artículo 162 la ley de 1997.

En las distintas intervenciones que ha habido por quienes defienden la toma de recursos, de las cuentas individuales de las Afores, se ha dicho que aunque se tomen los recursos de las personas de 70 años o más, este derecho no les va a prescribir y esos recursos se les van a devolver en cuanto lo soliciten, en cambio, afirman que el artículo 302 de la ley original publicada en el diario oficial de la federación el 21 de diciembre de 1997, que empezó su vigencia el 01 de julio de 1997, establece que el derecho del trabajador o pensionado y en su caso sus beneficiarios a recibir los recursos de la subcuenta de retiro, cesantía en edad avanzada y vejez, prescribe en diez años, sin aclarar que la prescripción en favor del instituto, comienza a partir de los 10 años en que esos recursos se hacen exigibles; entonces aquí la pregunta que cualquier persona puede formular es, ¿cuándo se hacen exigibles los recursos de la subcuenta de vivienda, retiro, cesantía en edad avanzada y vejez?

Pues bien, para que la administradora de fondos para el retiro, le entregue a un asegurado, pensionado, o beneficiario de estos, los recursos de la cuenta individual que les corresponde, tiene que presentar una resolución de otorgamiento, o de negativa de pensión, emitida por el Instituto Mexicano del Seguro Social, quien a través del área de prestaciones económicas, concretamente del departamento de pensiones, le informa a la persona que se acaba de pensionar, o que le acaban de negar una pensión, que debe de ir a la Afore en que está inscrito, para que con la presentación de su resolución, le hagan entrega de los recursos de su cuenta individual que le correspondan, los que normalmente consisten en la recuperación del SAR 92, SAR 97, VIVIENDA 92, VIVIENDA 97 y en algunos casos el ahorro voluntario, tratándose de pensionados cuyo aseguramiento corresponde a la ley del Seguro Social de 1973, porque las cuentas individuales de los pensionados ya por la ley de 1997, se destinan en su totalidad al financiamiento de la pensión; es muy importante aclarar que cuando el Instituto Mexicano del Seguro Social, emite una resolución de negativa de pensión, porque el asegurado, o los beneficiarios de este, no reunieron los requisitos, llevan esa resolución de negativa de pensión a la Afore, para que les entreguen el total de los recursos de su cuenta individual incluyendo los de cesantía, vejez y cuota social.

En razón de lo anteriormente mencionado, los recursos de la cuenta individual de un asegurado, pensionado, o beneficiarios de estos, se hacen exigibles a partir de que el IMSS le emite la resolución de otorgamiento o negativa de la pensión, así que resulta totalmente ilógico, que el beneficiario de estos recursos, no vaya a la Afore a solicitarlos, si el mismo personal operativo del departamento de pensiones, al hacer entrega de la resolución de otorgamiento o negativa de la pensión, le está informando que debe de ir a la Afore a recuperarlos y más ilógico aún, que el beneficiario de estos recursos, deje transcurrir más de 10 años, para solicitarlos en la Afore correspondiente.

En conclusión, los recursos de las cuentas individuales de las Afores de las personas de 70 años o más, no deben de tomarse para complementar las pensiones mensuales de las personas de 65 años o más, que empezaron a cotizar a partir del

01 de julio de 1997, porque la gran mayoría de las cuentas individuales de las personas de 70 años o más, corresponden a personas que empezaron a cotizar con la ley anterior y mientras el Seguro Social, no les emita una resolución de otorgamiento o negativa de una pensión, no inicia el periodo de prescripción de diez años, para ejercer el derecho a recuperar los recursos de su cuenta individual de la Afore.

Hay muchas personas en todo el país de 70 años o más que corresponden a la ley anterior, que no han ejercido su derecho, porque aunque parezca increíble, no lograron en su tiempo reunir las 500 semanas de cotización que requiere como mínimo la ley de 1973, sobre todo tratándose de trabajadores de la construcción, o que si las reunieron, e inclusive más de esas 500, pero cuando aún eran muy jóvenes y después dejaron de cotizar y cumplieron la edad mínima de 60 años para obtener una pensión, pero estando fuera del periodo de conservación de derechos que establece el artículo 182 de la ley de 1973 y ya no han vuelto a cotizar, para complementar sus 500 semanas, o recuperar sus derechos, de conformidad con lo establecido por el artículo 183 de la ley de 1973; personas que si viven en la actualidad y que aún pueden hacer algo para tener una pensión y además recuperar los recursos de su cuenta individual de la Afore en que se inscribieron o en la que fueron asignados por la CONSAR; lo mismo pasa con los beneficiarios legales de los asegurados fallecidos, que nunca se pensionaron por desconocimiento de la ley o por no tener derecho, pues bien, estos beneficiarios legales, podrían tramitar ante el IMSS aunque fuera una negativa de pensión, para recuperar los pocos recursos de la cuenta individual, que el asegurado logró acumular en vida su laborar; mientras eso no suceda, los recursos de esas cuentas individuales no han entrado en los diez años de prescripción a partir de que legalmente se hacen exigibles.

También es muy importante destacar que si los recursos que está tomando el gobierno federal, para formar el fondo de pensiones del bienestar, en para beneficiar a personas de 65 años, que hayan empezado a cotizar a partir de 01 de julio de 1997, pues son muy pocos los casos de personas, que están actualmente en esa situación, porque como ya lo dije antes, tendrían que haberse registrado por primera vez como asegurados a los 38 años de edad, a partir del inicio de la vigencia de la actual ley, lo que no es muy común que una persona inicie su vida laboral a esa edad; en razón de lo anterior, los recursos de las personas que se están tomando para dicho fondo, se están tomando con mucha anticipación, a la fecha en que serán ejercidos y aquí la duda es, si el dinero que administran las Afores, están invertidos por sociedades de inversión conocidas como Siefores, para obtener rendimientos en favor del asegurado, ¿en dónde va a invertir el gobierno el dinero esos recursos tomados de las Afores para seguir obteniendo rendimientos, en favor de los asegurados o sus beneficiarios legales, que reclamen en un futuro la devolución de esos recursos? ¿Y qué garantía van a tener los titulares y beneficiarios de las cuentas individuales de las Afores, de que, al obtener la devolución por parte del gobierno federal de los recursos de su cuenta individual, los van a recibir con los rendimientos correspondientes, sin perder su poder adquisitivo?

Otro aspecto que es muy importante mencionar, es el hecho de que no es ningún secreto que la gran mayoría de los patrones tienen registrados a sus trabajadores con salario mínimo ante el IMSS, para pagar menos por concepto de las cuotas obrero patronales, así que si con la creación de este fondo de pensiones del bienestar se van a igualar las pensiones a quienes les resulte menor al salario promedio de cotización del total de la población asegurada de poco más de dieciséis mil pesos mensuales, lo que puede suceder, es que los patrones menos se van a preocupar por registrar a sus trabajadores con sus salarios reales superiores al salario mínimo, a sabiendas de que de todos modos su pensión se va a igualar a la pensión mínima por las nuevas reformas a la ley del Seguro Social, con la creación del fondo de pensiones del bienestar.

Ahora bien, cuando se habló por parte del gobierno de tomar estos recursos de las cuentas individuales, registrados en las diferentes Afores que existen en el país, se habló de que solo se iban a tomar los recursos de las cuentas inactivas; sin embargo, ya hay casos de personas de 70 años o más en las distintas Afores, cuyas cuentas no estaban inactivas, que ya fueron trasladados al fondo de pensiones del bienestar y ahora están solicitando su devolución para poder tramitar su pensión por vejez, yo ya tuve conocimiento de una persona de 77 años, que estaba pagando la modalidad 40 durante los tres últimos años, con el fin de alcanzar una mejor pensión y no ha podido tramitar su pensión, porque en el departamento de pensiones de la subdelegación que le corresponde, le entregaron un documento donde le informaron que los recursos de su cuenta individual, fueron transferidos al fondo pensiones del bienestar, así que al parecer los recursos de las cuentas individuales de las personas de 70 años o más, se trasladaron en su totalidad al fondo de pensiones del bienestar, sin respetar las cuentas individuales que no estaban inactivas y ahora los titulares de esas cuentas, tienen que solicitar su devolución a la Afore correspondiente, para poder tramitar su pensión ante el Seguro Social.

Conclusiones

Antes que nada quiero dejar bien claro, que estoy muy orgulloso de haber trabajado para el Instituto Mexicano del Seguro Social, que fue el único patrón para el que presté mis servicios, al cual ingresé a trabajar en el año de 1973, siendo todavía estudiante de la carrera de licenciado en administración de empresas y en esta institución tuve la fortuna de desempeñar varios puestos directivos, donde tuve la oportunidad de conocer las diferentes áreas que la integran, tanto médicas, como administrativas y técnicas, lo que me permitió conocer la importancia que tienen sus diferentes áreas para la prestación de servicios a la población asegurada y derechohabiente; estoy ampliamente convencido que una de las mayores conquistas laborales, es que un trabajador cuente con su afiliación al seguro social, no solo para su protección, sino también para su núcleo familiar; en muchas ocasiones estando a cargo de los servicios administrativos y finanzas en una subdelegación del Instituto Mexicano del Seguro Social del estado de Veracruz, analizando sus estados financieros, me percaté del costo de los múltiples servicios que esta institución otorga a la población derechohabiente, como el costo de una consulta general o de especialidades, el costo de los servicios de laboratorio y rayos X y sobre todo el alto costo de un día de estancia hospitalaria, en un hospital general de zona o en un centro médico nacional, servicios que un trabajador, no podría solventar de manera particular con su salario, es más, aun revisando el importe de las cuotas obrero patronales que cubre bimestralmente su patrón por el total de sus trabajadores, en muchas ocasiones ese pago no alcanzaría para cubrir el costo de los servicios otorgados a ese trabajador por una enfermedad, sobre todo tratándose de padecimientos crónico degenerativos, es por eso que al Seguro Social, se le considera como el mayor instrumento de redistribución de la riqueza.

La problemática que yo trato en este libro, no tiene como objetivo hablar mal de la institución a la que muchos mexicanos le debemos beneficios, tanto en aspectos médicos, como económicos, por las distintas prestaciones que otorga esta institución; lo que pretendo con este libro, es llamar la atención de la actual generación de mujeres y hombres jóvenes, que por razones de su edad, empezaron a cotizar con la ley de 1997 y por lo consiguiente tienen un mal futuro, porque las pensiones de invalidez, vejez y cesantía en edad avanzada, que van a recibir cuando se cumplan los supuestos y requisitos que establece esta ley, van a ser mucho menores que las que actualmente reciben, los que tienen la fortuna de haber iniciado con la ley de 1973, lo mismo va a pasar con los beneficiarios de los asegurados y pensionados bajo el régimen de la ley de 1997, los cuales también están condenados a recibir pensiones menores, que los amparados por la ley de 1973.

No necesitamos ni debemos permitir, que la gente joven actual llegue a la edad adulta para darse cuenta de que al término de su vida laboral, donde ganaba salarios decorosos, van a pasar a disfrutar de una pensión que representará ingresos mensuales mucho menores a los que tenían como trabajadores activos. Basta ver los ejemplos de casos de primeras pensiones de invalidez bajo el régimen de la de 1997, que se empezaron a generar a partir de la entrada en vigor de la ley publicada en el diario oficial de la federación del 21 de diciembre de 1995 y las pensiones actuales de personas que se están pensionando ya con las reformas a la ley del 16 de diciembre del 2020, ya sea por pensiones de vejez o cesantía en edad avanzada, para ver la gran diferencia que existe entre las pensiones otorgadas por la ley de 1973, con relación a las de la ley de 1997 y por supuesto esta situación afecta también a los beneficiarios de asegurados y pensionados fallecidos, a los cuales les corresponde también la ley de 1997.

En múltiples ocasiones hemos visto en las noticias que dan las televisoras y otros medios de difusión escritos, que existen muchas manifestaciones de trabajadores en otros países, que están en total desacuerdo con la reforma de pensiones que se están llevando a cabo; muchas de estas manifestaciones son las que hemos visto suceder en Francia, donde los disturbios que vimos en los medios de difusión, son muy impactantes, por la intervención de las fuerzas del orden y los destrozos que ocasionan los trabajadores manifestantes a instalaciones y servicios que existen en la ciudad.

Lo que va a pasar en México en un futuro ya muy cercano, yo lo ejemplifico como unos jóvenes que van transitando por una carretera, en la cual miles de kilómetros más adelante se encuentra un abismo, pero nadie les ha advertido a los jóvenes de ese abismo, para corregir su rumbo con anticipación y si eso no sucede a la brevedad posible, lamentablemente lo que va a suceder con el tiempo, es que estos jóvenes se van a dar cuenta de ese abismo cuando ya estén muy cerca del mismo y para ese entonces va a ser inevitable la catástrofe. Yo pienso que lo que se debe hacer ya de inmediato es impulsar una reforma al sistema de pensiones, a través de una nueva ley que sea viable financieramente y que garantice a los trabajadores asegurados y sus beneficiarios, pensiones dignas que les permitan vivir con decoro al término de su vida laboral, por eso yo estoy totalmente en desacuerdo con la ley de 1997, que entró en vigor a partir del 01 de julio de 1997, de la cual sus desventajas con relación a la ley de 1973, no llamaron la atención de la población asegurada, porque a excepción de las pensiones por riesgo de trabajo que no sufrieron cambios, en su procedimiento de cálculo y también de invalidez que no tienen requisito de edad y que no son muy frecuentes, tenían que pasar muchos años para que se generaran las primeras pensiones de cesantía en edad avanzada y vejez, así que el futuro ya nos alcanzó y ya surgieron las primeras pensiones de cesantía en edad avanzada y vejez bajo el régimen de la ley de 1997, desde luego estos casos son de personas que se afiliaron al seguro social después del 30 de junio de 1997 y teniendo una edad posterior a los 40 años.

El problema de las pensiones, es muy grave en muchos países del mundo, lo que se considera una bomba de tiempo para sus economías, México no es una excepción, sobre todo por los grandes pasivos laborales que le han generado los sistemas de jubilaciones y pensiones de empresas como Pemex, Comisión Federal de Electricidad, el Instituto Mexicano del Seguro Social, el ISSSTE y otros tantos organismos federales y estatales, en los cuales el principal error en el diseño de sus sistemas de jubilaciones y pensiones, es que estos no están basados en aportaciones suficientes tanto de los trabajadores como de sus empresas y el propio gobierno, para garantizar el pago de pensiones en un futuro; sino que están más bien basados en derechos laborales de acuerdo a los años de servicio prestados a la empresa por sus trabajadores; esta situación cada año es más grave por el crecimiento del número de jubilados y pensionados y por el incremento de la esperanza de vida de los mismos.

Respecto al Seguro Social, es urgente no reformar la ley actual, sino más bien promulgar una nueva ley similar a la ley de 1973 o aún mejor que esta, pero conservando las cuentas individuales de los trabajadores, las cuales deben de ser intocables, considero que es lo más justo para la clase trabajadora del país que no pertenece a empresas y organismos del sector gobierno, porque en el financiamiento del Seguro Social, participan los patrones, los trabajadores y el gobierno, la contribución a este organismo es más abundante y transparente que la de las empresas y organismos estatales, que como ya lo manifesté con anterioridad sus jubilaciones y pensiones, están basados más en derechos laborales por la antigüedad en el trabajo, que por aportaciones suficientes para garantizar el pago de prestaciones en un futuro.

Yo no entiendo por qué para resolver la situación financiera del Instituto Mexicano del seguro social, se tuvo que promulgar una nueva ley el 21 de diciembre de 1995 y ya estando en vigor, reformarla, para otorgar pensiones de menor cuantía a sus asegurados y beneficiarios, en lugar de buscar otros mecanismos, como el fortalecimiento de sus fuentes de financiamiento y hacer más eficiente la operación de esta institución; la situación financiera del Seguro Social, comenzó su deterioro a raíz de la devaluación de nuestra moneda en el año de 1982, por los motivos que explique en los comentarios que hice sobre el IMSS que me tocó vivir. Cuando yo vi la conferencia que dieron en palacio nacional el día 22 de julio del 2020, anunciando una nueva reforma a la ley del Seguro Social, el secretario de hacienda y el presidente del consejo coordinador empresarial, que entre otras medidas hablaron del aumento de la aportación patronal, yo tomé con mucho escepticismo esa aseveración, porque de sobra sale decir que la cultura en este país, es que los patrones en su gran mayoría tienen registrados a sus trabajadores con el salario mínimo, lo que es conocimiento general, sobre todo de los trabajadores que están en esa situación, a mí me tocó en varias ocasiones, cuando fui jefe del departamento de prestaciones económicas, atender las quejas presentadas por los asegurados, por no estar de acuerdo con el salario con que se les pagaron los subsidios por incapacidades para el trabajo, debido a que su patrón los tenía con un salario menor al que realmente percibían, así que si por ley les aumentan los porcentajes a los patrones de las cuotas a pagar por el aseguramiento de sus trabajadores, en muchos de los casos, lo van a compensar con el registro de sus trabajadores con salarios menores, a los que realmente perciben.

En toda esta problemática, de impulsar la promulgación de una ley del IMSS más justa, el gobierno tiene que participar de manera muy determinante, porque la principal obligación de nuestros gobernantes, es el bienestar de los habitantes de este país, que además de servicios de calidad de salud y la educación, propiciar y facilitar la creación de empleos y asegurar el otorgamiento de pensiones dignas que garanticen una vejez con dignidad a quienes con su trabajo contribuyeron al financiamiento y engrandecimiento del Instituto Mexicano del Seguro Social, si esto no se lleva a cabo, en un futuro muy cercano, nuestro país va a estar compuesto por una población de personas de edad muy avanzada y pobres.

Bibliografía

La seguridad social en México, publicación realizada por el Instituto Mexicano del Seguro Social en el año de 1964, al conmemorar 20 años de la iniciación de la prestación de servicios a la población Asegurada y derechohabiente.

Libro de introducción a la seguridad social, publicación de la oficina Internacional del trabajo de ginebra, en el año de 1992.

Ley del seguro social, promulgada el 19 de enero de 1943.

Ley del seguro social, promulgada el 12 de marzo de 1973.

Ley del seguro social, promulgada el 21 de diciembre de 1995.

Reformas a la ley de 1997, publicadas en el D.O.F. el 16 de diciembre del 2020.

Hacia un futuro mejor.
Impulsemos una ley del IMSS más justa.
de Lucio Amado Cobos López,
se terminó de imprimir en febrero de 2026 en los
talleres editoriales de Galaxia Literaria, servicios
editoriales, en Av. Fray Antonio Alcalde 830, c.p.
44270, Guadalajara, México.

El cuidado de la edición estuvo a cargo del autor.
El tiraje constó de 50 ejemplares y una edición de
impresión sobre demanda.

Disponible en Ebook y POD en todo el mundo.